D1602957

Hazte Rico mientras Duermes

Si este libro le ha interesado y desea que lo mantengamos informado de nuestras publicaciones, escríbanos indicándonos cuáles son los temas de su interés (Autoayuda, Espiritualidad, Qigong, Naturismo, Enigmas, Terapias Energéticas, Psicología práctica, Tradición...) y gustosamente lo complaceremos.

Puede contactar con nosotros en
comunicación@editorialsirio.com

Título original: Grow Rich While You Sleep
Traducido del inglés por Manuel Algora Corbi
Diseño de portada: Editorial Sirio, S.A.

© de la edición original
1962, PRENTICE HALL, INC.
Englewood Cliffs, N.J. 07632

© de la presente edición
EDITORIAL SIRIO, S.A.
C/ Rosa de los Vientos, 64
Pol. Ind. El Viso
29006-Málaga
España

EDITORIAL SIRIO
Nirvana Libros S.A. de C.V.
Camino a Minas, 501
Bodega nº 8,
Col. Lomas de Becerra
Del.: Alvaro Obregón
México D.F., 01280

ED. SIRIO ARGENTINA
C/ Paracas 59
1275- Capital Federal
Buenos Aires
(Argentina)

www.editorialsirio.com
E-Mail: sirio@editorialsirio.com

I.S.B.N.: 978-84-7808-887-4
Depósito Legal: MA-12-2013

Impreso en los talleres gráficos de Romanya/Valls
Verdaguer 1, 08786-Capellades (Barcelona)

Printed in Spain

BEN SWEETLAND

Hazte Rico mientras Duermes

editorial Sirio

Dedicado a Edel,
mi niña,
mi cariño y mi esposa

ESTE LIBRO TE VA A AYUDAR A HACERTE RICO

Prepárate para una experiencia maravillosa. El libro que tienes en las manos te va a enseñar cómo atraer todo aquello que desees de la vida. Dinero, influencia, amor, respeto o admiración: cualquiera de estas cosas, o todas ellas juntas, serán tuyas.

Esta forma de hacerse rico que te propongo en las páginas que siguen es universal. Les ha proporcionado ya la riqueza a muchos hombres que trabajan en todo tipo de actividades, en distintas partes del mundo, y no depende en absoluto de la educación, del pasado ni de la buena suerte.

De lo que depende es de tu parte pensante más esencial y profunda. Echa un vistazo a tu alrededor y comprobarás qué pocos son los hombres que realmente saben lo que quieren o a dónde van. Carentes de un objetivo, no pueden ni siquiera discernir la diferencia entre lo que es bueno y lo que es malo para ellos.

Si tú vas también por ese camino, no te preocupes. Este libro va a cambiar tu vida. Empieza por recordar que *eres mucho mejor de lo que conscientemente crees*. De hecho, si ya sabes en qué gastarías una considerable fortuna en caso de tenerla, te encuentras ya muy por delante de la mayoría de la gente.

Antes de que acabes de leer estas páginas, sabrás ya de una vez por todas:

- Cómo reconocer tus metas en la vida sin importar lo que cualquier otra persona trate de decirte.
- Cómo familiarizarte con tu verdadero ser, tus verdaderas capacidades y tu vasto tesoro de talentos ocultos.
- Cómo saturarte de confianza auténtica y profunda, de entusiasmo y de buena voluntad, de modo que los demás se alegren de poder ayudarte a obtener lo que deseas.
- Cómo hallar y mantener la imagen plena y gloriosa de tu propio éxito, y cómo construir esa imagen con cada palabra que pronuncias y cada acto que realizas.

A medida que tu trabajo vaya progresando, verás que no solo posees aquello que el dinero puede comprar, sino también la satisfacción interior y profunda de hacer que tu vida sea lo que tú deseas que sea. ¡Convertirte en un hombre rico mientras te realizas personalmente es lo más constructivo, lo más saludable y lo más gozoso que puedes hacer por ti mismo!

EL ARTÍFICE DE TU ÉXITO ES TU MENTE CREATIVA

He escrito este libro partiendo de una frase de la Biblia: «Según un hombre piensa en su corazón, así es él». Sin cambiar el significado de esta verdad atemporal, la voy a modificar de modo que armonice con las líneas de la psicología moderna: «Una persona es lo que su mente creativa dice que es».

No eres un cuerpo que tiene una mente, sino una mente que tiene un cuerpo. Recuérdalo, y habrás dado el primer paso hacia el dominio de ti mismo.

En realidad, la mente presenta dos niveles. De ellos, el que mejor conocemos es el nivel consciente: es el que recibe impresiones del mundo a través de los sentidos de la vista, el oído, el tacto, el gusto y el olfato, y resulta muy eficiente para tomar esas mil y una decisiones a las que nos enfrentamos a diario. Cada vez que realizas un acto consciente —coger un lápiz, hablar con un camarero o hacer una llamada telefónica—, tu mente consciente envía las órdenes necesarias a tu cuerpo. Y cuando te vas a dormir, ella también se va a dormir. Sin embargo, el otro nivel mental nunca duerme. Ese otro nivel es lo que llamaremos tu *mente creativa*.

Literalmente, tu mente creativa es la que te mantiene vivo. Es la responsable de las funciones vitales involuntarias, como la respiración, la circulación de la sangre o el latido del corazón. Controla las glándulas, que a su vez regulan y controlan a todo el resto del cuerpo.

Y lo que es más importante para nuestros fines: ¡tu mente creativa también gobierna tu personalidad, tu carácter, tus instintos más íntimos y tus deseos más profundos y secretos!

W. Clement Stone concibió una poderosa imagen en su mente creativa: se vio a sí mismo controlando una gran compañía de seguros. Todos sabemos que para empezar un negocio se necesita capital —de hecho, la mayoría de los fracasos en el mundo empresarial se deben a la falta de capital para superar los malos momentos—. Pues bien, mi amigo Stone comenzó con menos de cien dólares en el bolsillo, y a pesar de ello logró reunir una fortuna personal de cientos de millones de dólares con su compañía de seguros.

¿Cuántos vendedores hay que tienen un excelente producto y un buen puesto de venta y que *no venden nada*? La mente consciente es la que conoce la información sobre el producto y la que sabe los beneficios que este puede reportar, pero es la mente creativa la que determina si inspiramos confianza o sospechas, credibilidad o dudas, la que hace que pertenezcamos al tipo de personas que son bien recibidas tan pronto como dicen «hola» o a ese otro tipo cuyo carácter es tan negativo que resulta muy fácil *no* hacer negocios con ellas.

No pretendo que una imagen de éxito en tu mente creativa signifique que no puedes fallar en alguna ocasión. Pero te mostraré muchos casos de individuos que, aunque fallaron al principio, lo intentaron de nuevo y lograron superar todos los obstáculos. Simplemente consideraron que cada retroceso había sido una inmejorable oportunidad para mejorar.

Es tu mente creativa la que puede situarte entre la gente feliz, bien vestida y provista de todo —la que puede y la que *lo hará*—; ella atrae el amor, encuentra una solución a las dificultades y parece siempre luminosa.

CÓMO HACERTE RICO MIENTRAS DUERMES

Tal como su título promete, este libro te enseñará cómo hacerte rico mientras duermes. ¡Lo hará comunicándose con tu mente creativa mientras tu mente consciente descansa con el resto de tu persona!

En el momento del sueño tu mente creativa es altamente receptiva, y tu mente consciente *no puede interferir*. Envíale a aquella un mensaje mientras duermes, y ese mensaje se introducirá en ella. Incluso es posible que erradique viejos mensajes indeseables. Puedes hacer esto en otros momentos también, pero el mejor de ellos sin duda es mientras duermes. Y de este modo, además, dormirás saludablemente.

Tal como te mostraré, el proceso de comunicación es muy sencillo. Algunas personas tardan varios días en dominar este inestimable secreto. No obstante, conozco a quienes lo hicieron en una sola noche. Es una maravillosa experiencia encontrar este genio mágico a nuestra disposición.

¿Qué es lo que le tienes que decir a tu mente creativa mientras duermes? En primer lugar, te sugeriría que practiques con los mensajes ya probados que hallarás en este libro. Sé por experiencia lo poderosos que son.

Muy pronto, sin embargo, crearás tus propios mensajes. En realidad, cuadros mentales: tú conduciendo el coche que deseas conducir... viviendo en esa casa que te encanta... perteneciendo al club o grupo social al que ansías unirte... Y, por encima de todo, ¡te verás provisto de cantidad de dinero, y gastándolo en lo que más te guste!

Algunos aseguran que ya han intentado este método y fracasaron. Si piensas así, te aseguro que tienes mil probabilidades contra una de no llegar nunca hasta tu mente creativa.

Muchos creen que deberían «cambiar su mentalidad» en cuanto al modo de manejar su vida, pero lo único que modifican es su mente consciente.

Ahora tú vas a cambiar. Solo que esta vez abandonarás toda negación, toda duda, todo derrotismo.

El optimismo, la confianza en ti mismo, el ánimo y un nuevo y maravilloso talento serán tuyos. El camino hacia la riqueza es recto y ancho.

LO MÁS SALUDABLE DEL MUNDO

Cuando te aseguré que hacerse rico puede ser lo más constructivo, saludable y gozoso que puedas haber hecho jamás, no estaba exagerando lo más mínimo.

Mi única advertencia es que te hagas rico del modo en que puedas manifestar mejor tu propia realización personal. De esa manera obtendrás algo más que dinero.

Puesto que las tres cuartas partes de nuestras enfermedades tienen una base mental, ¿no es acaso razonable pensar que tu estado mental pueda ejercer sobre ti un efecto tremendo? De hecho, el famoso investigador John A. Schindler demostró claramente que una de las ayudas más positivas para recuperar la salud es lograr un estado mental alegre, constructivo y con expectativas.

Sé que muchos llegan a ser ricos a costa de su salud, lo bastante ricos para poder luego pagar los médicos más caros. Esto no es lo más deseable y, por supuesto, no te va a suceder a ti. Los próximos años, mientras construyes tu fortuna, serán los años más felices de tu vida. Te liberarás de muchos conflictos internos y no tendrás ninguna razón psicosomática para convertirte en una de esas personas que sufren constantemente de dolores de cabeza o padecen úlceras de estómago.

Más aún, te librarás del exceso de fatiga y harás mucho más trabajo con menos esfuerzo, pues, ¿qué puede haber más fatigante que la derrota, el temible cansancio producido por estrellarse una y otra vez contra el mismo muro?

El mejor tónico contra este cansancio es llevar a cabo un trabajo tras otro con seguridad y éxito. Al final del día estarás satisfecho y deseando dedicarte a tu entretenimiento favorito.

TU VIDA DOMÉSTICA Y TU MENTE CREATIVA

Una mujer preocupada vino una vez a mí en busca de consejo. No podía seguir con su marido, no tenía suficiente dinero para vestir a la familia, sus hijos le daban muchos problemas y se consideraba a sí misma fatalmente condenada a una existencia de miseria. Solo estaba segura de una cosa: no tenía tiempo para ocuparse de mejorar su vida. Le dije que la respuesta a sus problemas se hallaba en su mente creativa. Estuve algo más de una hora con ella, explicándole lo mismo que explico en este libro.

Seis meses más tarde volvió para decirme que su vida matrimonial era ahora ideal, que tenía muchos y buenos vestidos en su armario, y que sus hijos se habían convertido en motivo de gozo en lugar de ser una preocupación.

Lo único que hizo fue construir firmes cuadros mentales de las condiciones ideales que deseaba. Estos cuadros se convirtieron literalmente en parte de su mente creativa. Pero no solo eso: también tuvo que esforzarse mucho para que sus sueños se hiciesen realidad. Sin embargo, solo cuando se convenció de que realmente podía manejar la situación, se puso manos a la obra.

A pesar del hincapié que hago en este libro a la riqueza material, como creo que un matrimonio feliz es una riqueza que está más allá de toda medida, dedico muchas páginas a mostrar cómo puedes encontrar esta felicidad a través del poder natural y maravilloso de tu mente creativa.

¿CÓMO CALIBRAR TU POTENCIAL DE ÉXITO?

Para escribir estas palabras que estás leyendo, he recurrido a una gran cantidad de experiencias, mías y de otros. Te muestro a continuación mi favorita de entre todas las experiencias verdaderas que me han contado. Se trata de un experimento llevado a cabo con un obrero que no sabía leer ni escribir.

Este hombre se había dedicado al trabajo físico toda su vida. Ahora, ya con más de sesenta años, comenzó rápidamente a envejecer. Pero a través de un cálculo artificioso, se le «demostró» que los registros estaban equivocados, y que en realidad era diez años más joven de lo que él creía.

Casi de inmediato, comenzó a parecer más joven, y actuó y se *sintió* como si realmente lo fuera. Mientras antes se quejaba de que no podía trabajar del modo que solía hacerlo, ahora realizaba su jornada diaria de duro trabajo, todos los días, sin fatiga excesiva. Anteriormente no le había sucedido nada negativo; simplemente había pensado en su mente creativa que a los sesenta tenía que quejarse y ralentizar su ritmo, igual que lo habían hecho todos sus amigos.

Se ha advertido también que las personas que se quedan ciegas a una edad temprana, a menudo, treinta años después, parecen mucho más jóvenes que las videntes de su misma edad. Se dice que esto sucede porque recuerdan sus propios rostros como rostros jóvenes. No andan *buscando* arrugas, no *esperan* ver cabello gris.

Del mismo modo, muchos hombres esperan algo mediocre de sí mismos. ¡Y lo obtienen!

Estos son unos ejemplos de los modos más comunes que tiene la gente de rebajarse a sí misma:

- «SOY DEMASIADO TÍMIDO PARA SEGUIR A LOS DEMÁS». A menudo esto significa que tu mente creativa no deja de decirte que no te gustas a ti mismo. Por tanto, no te agrada tu modo de actuar con los demás, y por eso preferirías mantenerte alejado de ellos.

Sin embargo, se puede persuadir a tu mente creativa para que cambie completamente sus consignas. Pronto *te gustarás* a ti mismo, *gustarás* a los demás y gozarás compartiendo tus buenos momentos.

- «MI MEMORIA ES TAN MALA QUE NO DEJA DE CAUSARME PROBLEMAS». Curiosamente, tu memoria esencial no puede ser mala, pues tu mente creativa ha grabado todo lo que has visto, oído, leído, sentido o gustado desde el día de tu nacimiento, y quizá incluso también una impresión de todo lo que has pensado.

Por consiguiente, cuando «olvidas», lo que ocurre es que no puedes llevar a tu mente consciente algo que está almacenado en tu mente creativa. La línea mental está bloqueada. Horas o días más tarde, puede ser que te des un golpe en la frente y que exclames: «¡eso es!» en el momento en que la línea mental repentinamente se abrió.

Millones de personas desperdician la mayor parte del tiempo de su mente bloqueando sus propios recuerdos. Yo te mostraré que una línea mental abierta no solo mejora tu memoria, sino que además fortalece y alerta otros poderes mentales. El hecho de ser capaz de recordar con prontitud nombres, direcciones, números de teléfono y precios puede ser algo muy valioso. Simplemente recuerda esto: tienes una memoria estupenda. ¡Vamos a emprender juntos la tarea de despertarla!

- «SOY INCAPAZ DE CONCENTRARME». Las personas de mente dispersa temen a veces ser mentalmente defectuosas. Excepto en muy raros casos, no es así. Lo más probable es que su mente creativa haya aprendido malos hábitos.

Comprobarás por qué los pensamientos tienen tanto poder... que cada acción debe empezar por un pensamiento. Vas a ver que *tú*, en tu mente creativa, decides cuánto poder darle a un pensamiento particular.

En primer lugar, enseñarás a tu mente creativa a concentrarse en los conceptos que deseas que sean los más poderosos. Ella a su vez instruirá a tu mente consciente para que mantenga esos conceptos siempre a la vista. Cuando eso ocurra, no tendrás ya más problemas para concentrarte, y será una concentración sin esfuerzo, que eliminará problemas y conservará tus energías vitales operando juntas hacia la consecución de tus metas.

¡DESPIERTA!, ¡EN CADA UNA DE LAS PARTES DE TU SER!

¡Vas a mejorar en tantos aspectos que creerás haber nacido de nuevo! Tu mente creativa te dará una actitud alegre y entusiasta hacia *cualquier cosa que hagas*.

Cuando te enfrentes resueltamente a los problemas y a las decisiones que debas tomar, ganarás en calma y autocontrol. Todo lo que pone nerviosas a otras personas a ti no te afectará lo más mínimo.

Permíteme que te cuente otra historia. Esta es acerca de mí mismo. Hace años, cuando comenzaba a caer en la cuenta del ilimitado poder de la mente creativa, necesité acometer algunas obras de reparación en mi casa, pero encontré razones para dejarlas de lado. ¡Probablemente me inventé tales razones!

Cuando finalmente hice las obras, mi conciencia me empezó a preocupar. «¿Cómo podía instruir a mi mente creativa para que le dijese a mi mente consciente que las cosas han de hacerse en el momento en que deben ser hechas?», pensaba.

La respuesta era absurdamente simple: «Ahora, cuando tengo una tarea que ejecutar, le doy a mi mente creativa una imagen del trabajo ya hecho. Haciendo esto mientras duermo, puedo despertarme y experimentar el placer que voy a sentir cuando vea el trabajo acabado». Entonces, cuando realmente pongo manos a la obra, los obstáculos parecen disolverse, o en todo caso se convierten en meros detalles. Cuando el trabajo está ya finalizado, siento de nuevo esa agradable satisfacción.

Este es el secreto clave para volverse rico.

Hoy, ahora mismo, decide en tu mente consciente que ya *eres* rico. ¡Tu principal tarea está completada!

Tan pronto como leas este libro, conocerás el modo seguro y fácil de implantar el pensamiento de un millón de dólares en tu mente creativa. Y cuando eso ocurra nada, absolutamente nada, podrá interponerse en tu camino.

1

UNA INTERPRETACIÓN DE LA RIQUEZA

*¿C*ómo definirías la palabra «riqueza»? La respuesta que des es exactamente lo que este libro significará para ti. Cuando utilice la palabra «riqueza» de ahora en adelante, será de acuerdo con tu interpretación.

Algunos de vosotros visualizaréis las riquezas como un suministro ilimitado de dinero, una finca, un yate, un avión, etc., y si ese es tu objetivo, pues bien, constrúyelo en tu imaginación y conforme continúes leyendo, encontrarás que está dentro de tus posibilidades hacer tu sueño realidad.

Quizá interpretes las riquezas como liderazgo en la política, la industria, el comercio, etc. Si tus deseos cayeran en esta categoría, el contenido de este libro te pondrá en la pista correcta hacia su consecución.

Podrías pensar que desear tanto las riquezas materiales como las del poder personal es esperar demasiado, pero no es así. En realidad, difícilmente podrás tener unas sin las otras, pero, ¡atención!, *desear* ambas, o incluso una sola, no te llevará a ninguna parte. ¡Ten cuidado con la palabra «desear»! Puede hacerte más daño que bien, como pronto vas a ver.

Una vez oí una definición de la riqueza que podría aplicarse a algunos de vosotros. Edel, mi mujer, y yo estábamos visitando el acogedor hogar de un obrero y su familia. La casa era pequeña, pero estaba decorada con mucho gusto. Disponía de la mayoría de las comodidades modernas. En el pequeño jardín, el césped estaba bien cuidado. El marido percibía unos ingresos gracias a los cuales la familia podía vivir con comodidades, y tenía asegurada una pensión para el día de su retiro. El total de los bienes físicos de su familia no excedería los veinte mil dólares.

—Nos consideramos la familia más rica de la ciudad —dijo ella llena de orgullo—. No tenemos preocupaciones financieras y reina una armonía perfecta en toda nuestra casa.

Si no has alcanzado todavía este nivel de riqueza, puedes considerarlo tu primera etapa, y utilizarás el poder adquirido con este libro para elevarte hasta ella. Una vez alcanzado este nivel, podrás elevar tus vistas y ascender a dominios cada vez más prominentes.

Hay personas que no poseen prácticamente nada de naturaleza material, pero que se consideran a sí mismas ricas, pues sus mentes están felices y sus cuerpos sanos.

No creo que ninguno de nosotros debiera aspirar a ser un Craso, pues las riquezas materiales pueden engendrar infelicidad tan fácilmente como elevarnos a las alturas del éxtasis. En este punto voy a hacerte una pregunta muy pertinente: «¿Cuál es el bien más grande que uno pueda esperar de la riqueza?».

Tener dinero en el banco, poseer una mansión impresionante, poder divertirte lujuriosamente, viajar a cualquier parte en cualquier momento, en primera clase o tener un ropero que sería la envidia de todos son algunas de las cosas que podrías considerar consecuencias benéficas de la riqueza. Piensa en estas cosas y en cualquier otra que pudiera estar asociada con el dinero, y todavía estarás equivocado en lo que respecta a dar una respuesta inteligente a mi pregunta.

La razón real para desear riquezas es ser feliz, el resultado final de toda realización. Aunque uno *piense* que su meta es la riqueza, en realidad está buscando la felicidad que satisface al alma y que llega a través de la realización; las riquezas no son más que una recompensa por haber alcanzado el objetivo.

En este punto, permíteme citar un par de ejemplos: un próspero empresario de Inglaterra tenía un modo único de gastar su exceso de dinero. Era el propietario de una granja grande y bien provista. Cada verano, un gran número de niños pobres eran invitados a pasar unas semanas en su granja. A los pequeños se les daba lo mejor de cada producto: comestibles frescos, exquisitas carnes de todo tipo, deliciosas frutas y verduras, etc. Además, permanecían bajo la supervisión de ayudantes afectuosos y bien preparados.

Este filántropo posiblemente no habría podido ser más feliz utilizando el dinero de cualquier otro modo. Por las noches se retiraba a dormir con una sonrisa, pensando en la felicidad que estaba dándoles a unos niños no acostumbrados a ella.

También hay un generoso financiero en Nueva York que obtiene su felicidad de un modo bastante diferente. Conoce la importancia de tener una vivienda propia y goza viendo a gente joven poseer sus propios hogares gratis y libres de toda preocupación. Constantemente busca parejas jóvenes que lo merezcan. Cuando encuentra una, su ayudante realiza una investigación para conocer la cuantía de la hipoteca, y se hace cargo de ella. Este hombre de gran corazón se las arregla para pagar dicha hipoteca anónimamente, y luego les envía la escritura totalmente libre de cargas.

No es difícil imaginar la paz que esta persona obtiene de la vida. Permíteme que te mencione un ejemplo opuesto: la historia de una pareja cuya existencia se ha vuelto infeliz a causa de las riquezas. Tan pronto como se volvieron ricos, se hicieron construir una casa enormemente lujosa, cuyo garaje albergaba varios de los coches más caros. Ella no podía concebir otro sitio para adquirir sus vestidos que no fuera París, y él era sumamente popular en el club ranchero más ostentoso.

Pero ¿era feliz esta pareja? No demasiado. Los fines de semana daban fiestas suntuosas y, por supuesto, los lunes amanecían con resaca y un sabor amargo en sus bocas.

Debido a sus excesos, su digestión y su salud general comenzaron a deteriorarse, sus rostros empezaron a mostrar signos de envejecimiento y pronto carecieron del magnetismo que tan fácilmente se adquiere con el vivir correcto.

¿Eran felices? Su expresión misma revelaba aburrimiento. El cabeza de familia había trabajado diligentemente, a la búsqueda de la felicidad. Consiguió la riqueza, pero como no entendía lo que era la verdadera felicidad, quedó muy lejos de alcanzar su meta.

Hay otra definición de la riqueza que deberíamos considerar y que, a mi parecer, es la más importante de todas. «Vive una vida rica», se dice a menudo de ciertas personas afortunadas. ¿Qué es una vida rica? Muy sencillo: una vida bien equilibrada, con multitud de experiencias interesantes e iluminadoras. El día de una persona así está separado en unidades de trabajo creativo, descanso, recreo y diversión. Ninguna de estas actividades aisladas es capaz de producir la felicidad por sí sola.

«Tanto trabajo y ningún juego hacen de Jaime un chico soso», esto es algo que he escuchado desde mi infancia; y es verdad, aunque algunos no hayamos prestado ninguna atención a este consejo.

Del mismo modo, emplear todo tu tiempo descansando sería verdaderamente cansado. El propósito del descanso quedaría anulado. Si se tienen momentos de descanso y relajación entre los períodos de trabajo, se disfrutarán mucho más, y se gozará asimismo del trabajo cuando se vuelva a él.

La diversión es el «postre» que gozamos al final de un satisfactorio día de trabajo. Igual que «todo trabajo y nada de juego» es algo no deseable, la diversión continua tampoco conseguiría darnos la felicidad perfecta.

Durante los períodos de recreo deberíais dejar tiempo para la lectura constructiva y para ampliar vuestro círculo de amigos y conocidos, dejando tiempo para conversar con otros.

Ahora puedes ver que una *vida rica* es una mezcla de todos los elementos deseables de la existencia.

¿QUE HARÍAS CON UNA GRAN FORTUNA?

Antes de empezar este capítulo, les hice esta misma pregunta a muchos hombres y mujeres de distintos niveles sociales y culturales. Las respuestas que recibí fueron tan diferentes como las personas a las que pregunté. Un mecánico, por ejemplo, dijo:

—Dejaría mi trabajo, vendería mi casa y no haría nada durante los años siguientes.

¿Crees que sería feliz? Realmente lo dudo.

Conocí a un hombre que se retiró de la presidencia de una gran empresa. Vendió su hogar y decidió pasar la mayor parte de su tiempo viajando. Sin embargo, se aburrió tanto con este tipo de vida que pronto volvió a su antigua ciudad, compró una nueva casa y estableció otro negocio.

Un oficinista respondió sin vacilar a la pregunta del siguiente modo:

—Compraría este negocio y sería mi propio jefe.

No hace falta ser psicólogo para conocer a este hombre, partiendo de su respuesta. Es probable que esté harto de su superior, lo cual le hace desear ser el propietario del negocio, de modo que él pueda ser el jefe.

Ningún hombre de negocios es nunca su propio jefe. Tiene tantos jefes como clientes, ya que debe esforzarse continuamente por darles satisfacción, o pronto empezarán a convertirse en un problema.

Quizá este oficinista esté pasando por dificultades económicas y piense que sería maravilloso estar al frente de una compañía que le reportase unos ingresos elevados. Pero lo que esta y otras personas rara vez piensan es que el salario de un ejecutivo depende tanto como el del oficinista de la cantidad de dinero que entra en la empresa.

No me malinterpretes. Es bueno ser cabeza de una empresa propia; pero has de crecer con ella.

También le pregunté a un ama de casa qué haría si lograra una gran fortuna. Me gustó su respuesta:

—Tengo muchos amigos y familiares que no disfrutan de lo mejor de la vida. Me gustaría cogerlos uno a uno y hacer algo para que fueran felices. Podría llevar a una amiga a una tienda y vestirla de arriba abajo con buenas ropas. A otra la llevaría a un viaje con todos los gastos pagados. Otro tiene talento para los negocios; me gustaría ayudarle a emprender un pequeño negocio.

Lo que haría por otros componía una larga y generosa lista. Había una expresión de gran sinceridad en su rostro cuando describía lo que haría con las riquezas. Demostró que conocía que la felicidad proviene de dar felicidad.

A un muchacho se le hizo la misma pregunta mágica: «¿Qué harías si tuvieras una gran fortuna?».

—Oh, caramba, señor, no lo sé. Supongo que lo primero de todo, conseguiría para papá la lancha motora que siempre ha deseado. Compraría para mamá todos los últimos adelantos de la cocina y limpieza, de modo que no tuviese que trabajar tanto, y yo iría a un centro de prestigio y estudiaría electrónica.

¿Acaso una respuesta como esta no os hace pensar que si pudierais le daríais a ese muchacho ahora mismo el dinero necesario, para permitirle ponerlo a trabajar de ese modo tan maravilloso?

Le pregunté a un hombre sin cultura ni educación qué haría con una gran fortuna.

—¿Qué haría? —contestó bruscamente—. ¿Afeitarme y vestirme para las comidas y mezclarme con los esnobs y los señores de sombrero alto? Eso no es para mí, estoy satisfecho de lo que soy.

A este tipo de hombres poca ayuda les puede ofrecer este libro. Lo leerían con el temor de que algunas de sus sugerencias pudiesen afectarles y hacerles cambiar su actual modo de vivir, tan relajado.

¿POR QUÉ TODA ESTA DISCUSIÓN SOBRE LA RIQUEZA?

Como descubrirás antes de haber acabado de leer estas páginas, *puedes* adquirir riquezas, y de una manera más simple de lo que hayas podido nunca imaginar. Puedes hacerte rico de cualquier modo que desees: en bienes materiales (dinero, hogar, etc.), en bendiciones mentales y espirituales, en poder personal y en liderazgo, en amistades... ¿No sería pues una buena idea decidir *ahora* qué tipo de riquezas crees que te darían la felicidad que buscas?

Si has estado viviendo como lo hace el ciudadano medio, ganando lo suficiente para salir adelante, cubriendo las necesidades de la vida y unos pocos de sus lujos, tu interpretación de la riqueza puede ser bastante comedida. Tener tus deudas completamente pagadas y unos miles de dólares en el banco podría estar tan lejos de tu situación actual que te parecería necio «soñar» con ir más allá.

¿Sabes que la capacidad de adquirir riquezas es un estado mental? Napoleon Hill, autor de *Piense y hágase rico*, dijo: «Cualquier cosa que la mente sea capaz de concebir y creer, puede alcanzarse». Para captar toda la importancia de esta afirmación, debes meditar sobre ella. Puedes concebir el *deseo* de ser rico: «Quisiera ser poderoso entre los hombres; desearía tener dinero, montones de dinero», pero si tu mente es capaz de proyectar una imagen de ti con poder y dinero, y si realmente *crees* que puedes tener poder y dinero, ¡atención, ese es el buen camino!

Cuando Clement Stone era muy joven, hace ya bastante tiempo de eso, concibió la imagen de sí mismo dirigiendo una gran compañía de seguros, y *creyó* profundamente que podía lograrlo. Comenzando con poco menos de cien dólares, llegó a construir un imperio en el mundo de los seguros y a multiplicar su exigua inversión inicial hasta conseguir una fortuna personal de cientos de millones de dólares. En el libro que escribió junto a Napoleon Hill, *El éxito a través de una actitud mental positiva*, nos cuenta cómo lo hizo. El patrón por el que Stone se guió fue simple, probando una vez más la eficacia del lema de Hill: «Cualquier cosa que la mente pueda concebir y creer, puede alcanzarse».

«¡HAZTE RICO MIENTRAS DUERMES!»

Hasta este momento no he dicho nada acerca del provocativo título de este libro. Suena a fantasía, a ciencia ficción, pero conforme aprendas más sobre el modo como opera la mente, encontrarás que nuestro futuro, sea de éxito o de fracaso, es conformado en nuestra mente subconsciente, en especial durante el sueño.

Se han publicado cientos de libros de autoayuda; sin embargo, dudo que muchos de ellos hayan sido capaces de transmitir una imagen comprensible del papel tan vital que la mente subconsciente juega en nuestras vidas.

El concepto central del «dominio de la mente sobre la materia» es que si pensamos en términos de éxito, manifestaremos éxito. Esto es verdad, pero ¿qué significa? ¿Lo entiendes realmente?

Una mujer vino a verme, principalmente para mostrar su desacuerdo con algunas de mis teorías. Ella no dudaba de mi afirmación de que «para poder tener éxito, antes debemos pensar en términos de éxito».

—Pero –me explicó– se necesita más coraje del que yo poseo, para poder mantener pensamientos de éxito y llegar a hacerlos realidad.

Su concepto sobre el desarrollo del poder mental, y el uso que hizo de él, era totalmente erróneo, y me temo coincide con el pensamiento de la mayoría de las personas que se interesan por este asunto.

Una vez escribí un folleto titulado *Para desarrollar el instinto del autoperfeccionamiento*. En él señalaba que la mayoría de la gente, tras dejar la escuela, se hace consciente de que su educación, en lugar de ser completa, está simplemente empezando. Comprenden que deberían seguir incrementando sus conocimientos y son muchos los que así lo hacen. Leen libros y realizan cursos presenciales o a distancia, en un meritorio intento por aumentar sus conocimientos actuales. El hecho de que obtengan o no grandes beneficios de este estudio adicional es algo cuestionable, pues la mayoría lo hacen porque creen que es su obligación. Si, por el contrario, fueran capaces de crear en sí mismos el *deseo* de estudiar, sentirían una agradable emoción cada vez que aprendieran algo nuevo.

Si estás tratando de establecer patrones de pensamiento a lo largo de las líneas del éxito, y tienes que disciplinarte para actuar en sentido contrario a tus tendencias naturales, te resultará un trabajo muy pesado y extremadamente aburrido. Pocos serán capaces de continuar con un régimen así; la inmensa mayoría acabarán llegando a la conclusión de que «esto no está hecho para mí».

Por otra parte, una vez que has aceptado la idea de *qué es el éxito*, tu mente subconsciente te guiará hacia el tipo de pensamiento y acción que producirán tal éxito. No tendrás que obligarte a seguir determinados procedimientos; actuarás en todo momento manteniéndote en el plan del éxito, *porque desearás hacerlo*.

¿No es todo esto emocionante? ¿Vas a dar los pasos que instintivamente sabes que te liberarán de tus tristes días de cobro?

No, no me estoy desviando de los comentarios que antes hice sobre «hacerte rico mientras duermes». Estoy incluyendo estos puntos previos para ayudarte a ver que hacerte rico mientras duermes no es algo fantástico, sino un fenómeno natural de la mente subconsciente.

Como ya he señalado con anterioridad, tenemos dos mentes: la mente consciente y la mente subconsciente. La primera se hace cargo de todo nuestro pensamiento, esquematización y planificación, mientras que la segunda se ocupa de todas las funciones involuntarias del cuerpo: respiración, circulación de la sangre, restauración de los tejidos dañados, etc. Además, tiene poderes de razonamiento independientes de los de la mente consciente. Mientras esta permanece ocupada con un pensamiento concreto, la mente subconsciente puede estar dedicándose a alguna otra cosa.

¿No has dicho a menudo: «Tengo la sensación de que debería hacer esto», o «Tengo la impresión de que no debería hacer aquello»? Sé que en más de una ocasión lo has hecho. ¿De dónde venía esa «sensación»? No vino del aire, sino de tu mente subconsciente.

Si la «sensación» fue de naturaleza negativa, es porque habitualmente alimentas tu mente subconsciente con pensamientos negativos. Y, por fortuna, también sucede lo contrario: el pensamiento positivo creará reacciones positivas en tu mente interna.

Cuando te levantas por las mañanas, ¿cuál es normalmente tu tendencia? Tal vez vuelvas a la conciencia con este pensamiento: «Otro día de trabajo. ¡Ojalá pudiera dormir una o dos horas más!».

O quizá empieces el día vibrante y con un pensamiento como: «¡Qué bien me siento! ¡Voy a salir a superar todos los récords!».

¿Por qué existe tanta diferencia entre ambos modos de comenzar el día? ¿Es que hay algo físicamente mal en quien lo hace perezosamente? Es posible que sea así en algunas ocasiones. En la gran mayoría de los casos, sin embargo, nuestro ánimo al despertar es un reflejo del patrón de pensamiento establecido en la mente subconsciente la noche anterior.

Si te vas a la cama con pensamientos tales como: «¡Qué duro fue el día de hoy! Tengo algunos problemas difíciles que resolver mañana, en los que no quiero ni pensar», o cosas así, lo más probable es que no descanses bien en toda la noche, mientras tu mente subconsciente asimila los pensamientos del «difícil día» que le suministraste. ¿Es acaso sorprendente que despiertes con miedo al nuevo día?

Supón, en cambio, que te acuestas con pensamientos tales como: «¡Mañana voy a arrasar con todo! Hoy ha sido una jornada bastante buena, pero nada en comparación con lo que será mañana. Voy a tener un sueño reparador y me despertaré temprano, deseando comenzar el gran día». ¿Acaso no es fácil de comprender que un patrón de pensamiento de este tipo te hará saltar de la cama con extremo entusiasmo?

Ahora ¿no hay ya un rayo de luz empezando a atravesar la nube de incertidumbre a la que te enfrentaste cuando viste por primera vez el título: «Hazte rico mientras duermes»?

De hecho, ¿no empiezas tal vez a considerar que el único modo que tienes de desencadenar la conciencia del éxito es mientras duermes?

Cada vez que un pensamiento poderoso se introduce en mi conciencia, siento un ligero cosquilleo en las proximidades del plexo solar. Esto, sin duda, se debe a la formación de un instinto de «¡vamos a por ello!».

Ahora mismo, conforme he vuelto a leer este capítulo antes de comenzar el siguiente, he advertido la misma reacción física, que me indica, estoy seguro, que aunque los pensamientos de este libro son míos, y pese a todo lo que estoy consiguiendo, me hallo lejos de haber alcanzado toda mi capacidad de realización.

¿CÓMO TE SIENTES?

¿Te ha atrapado ese «cosquilleo»? ¿Sabes ya intuitivamente que la expresión mágica: «¡Ábrete Sésamo!», que abre la puerta a una vida de abundancia y felicidad, es tuya?

Si no sientes dicho «cosquilleo», es que no has estado concentrado mientras leías.

Así que, por tu propio bien, haz una pausa, relájate y vuelve a leer este capítulo antes de comenzar el siguiente.

De hecho, en cualquier caso, no sería una mala idea volver a leerlo antes de proseguir. Se convertiría en un buen modo de empezar la nueva vida que te aguarda.

2

DORMIR: CÓMO DISFRUTAR DE UN SUEÑO TRANQUILO

Puesto que estamos tratando del tema de hacerse rico mientras se duerme, no estaría de más incluir en nuestra discusión modos y medios de inducir un sueño descansado y tranquilo.

Una gran mayoría de personas se queja de sus dificultades para dormir bien por la noche. Algunas aseguran que se duermen inmediatamente, pero que luego se despiertan y permanecen desveladas mucho tiempo antes de volver a dormirse. Otras, que tardan una hora o más en conciliar el sueño tras acostarse.

Puesto que estás aprendiendo que la mente subconsciente trabaja mejor mientras la mente consciente está ausente —mientras duermes—, es sensato formarse el hábito de irse pronto a la cama, para descansar pacíficamente durante la noche. Este capítulo te mostrará lo sencillo que es crear ese hábito.

La falta de sueño suele ser el resultado de malos hábitos a la hora de acostarse. Dar vueltas en la cama durante un largo rato después de acostarnos es más una cuestión psicológica que fisiológica. Si, no obstante, tienes dificultades para dormir, deberías primero consultar a tu médico o investigar si es tu mente o algún trastorno corporal lo que te mantiene despierto. Si se trata de lo primero, este capítulo te será de gran ayuda. Si es lo segundo, déjate guiar por tu médico. Así pues, los pensamientos y sugerencias que aquí te doy se basan en la suposición de que posees una buena salud.

No perderé tiempo discutiendo el sueño desde un punto de vista psicológico. De hecho, no estás interesado en conocer qué es el sueño; lo que quieres saber es cómo irte a dormir y descansar plácidamente.

Suele decirse que una falta descubierta ha sido ya medio superada, y estoy de acuerdo. Así pues, comencemos por meditar sobre algunas razones del insomnio:

1. PREOCUPACIONES. Este es quizá el enemigo número uno del sueño. Nos preocupamos por el dinero, por nuestra salud y la de nuestra familia, por nuestro trabajo o nuestros negocios. Nos preocupamos por las guerras y los rumores de guerras, traduciendo los sonidos en alarmas. Nos preocupamos por la impresión que causamos en aquellos con quienes hemos tenido contacto recientemente. Nos preocupamos, en fin, por mil cuestiones, ya sean importantes o no. Si reflexionas sobre las

preocupaciones que te han mantenido despierto en el pasado, serás capaz de añadir muchas más a esta lista.

SOLUCIÓN. ¡Sé lógico! Comprende que preocuparte no puede en modo alguno ayudarte a solucionar el problema. Una noche de insomnio, con la mente llena de problemas, te robará las energías que podrían cooperar a la hora de combatir las causas de tu preocupación.

«La mayoría de las preocupaciones son una mentira —escribió un gran filósofo—. Rara vez se materializa aquello por las que nos preocupamos». Recuerda las numerosas cuestiones sobre las que te has preocupado en el pasado, y le darás la razón a este sabio.

Aprenderás, conforme interiorices las fórmulas mágicas dadas en este libro, que aquello por lo que nos preocupamos no son razones para hacerlo en absoluto. Son más bien retos, oportunidades para desarrollarnos, para encontrar fácilmente solución a nuestros problemas.

Esta noche, y todas las noches desde ahora, en lugar de preocuparte, vete a dormir con este pensamiento: «Mientras duermo, mi mente subconsciente hallará una solución a mi problema, y mañana me guiará a eso que eliminarán la situación que de otro modo me habría preocupado».

Cuando te preocupas, estás creando imágenes de algo que no deseas, en lugar de imágenes de lo que deseas. Así que, al irte a dormir, visualiza la situación ideal que buscas, en lugar de la existente, y date cuenta de que, hasta que te halles dormido, no tendrá tu mente subconsciente oportunidad de trabajar para solucionar el problema.

2. **Vivir con el trabajo.** Muchas personas se llevan su trabajo a la cama. Durante horas reviven toda la jornada pensando en lo que hicieron que no debieron haber hecho; y en lo que no hicieron pero debieron haber hecho. Tras pasar horas de insomnio con el pasado, empiezan a pensar en el futuro, en aquello que harán o no harán.

   Solución. Antes de retirarte a dormir, reserva un momentos para revisar el trabajo diario. Si hay algo que no te agrada, decide qué es lo que harás al respecto al día siguiente o más adelante. Haz uso de tu mente subconsciente, que nunca descansa, y permite que trabaje para ti mientras duermes. Debes saber que el pacífico sueño de una buena noche te permitirá despertarte a la mañana siguiente renovado y listo para comenzar un gran día de logros.

3. **Celos.** Es patético ver cuántas horas de sueño ha arrebatado este monstruo de ojos verdes a hombres y mujeres, que no cesan de dar vueltas en la cama mientras imaginan que les roban su felicidad y seguridad.

   Solución. Los celos suelen indicar o egoísmo o complejo de inferioridad. Cuando te retires a dormir, comprende que un sueño renovador y descansado te dará el atractivo que hará de ti una persona sin miedo a competir. ¡Recuerda!: cuanto más confíes en los demás, más merecerás su confianza.

4. **Envidia.** No todos nosotros, pero sí un buen número de personas, al oír hablar de la buena fortuna de un amigo

o familiar, permanecen despiertas largo tiempo, preguntándose por qué a ellas no les sucede lo mismo. Envidian que otros tengan mejores trabajos, casas, coches, etc.

SOLUCIÓN. La envidia es negativa. Envidiar las posesiones de alguien indica que dudas de tu propia capacidad de obtener aquello que estás envidiando.

Este libro te da reglas fantásticamente simples que te permitirán lograr en esta vida aquello que deseas. Así que, en lugar de envidiar a otros por lo que tienen, sé consciente de que puedes adquirir lo mismo —o incluso algo mucho mejor.

5. CONCIENCIA CULPABLE. Una conciencia culpable no siempre indica que quien se ve afectado por ella haya cometido un crimen, o transgredido o violado alguna norma de conducta. Nuestra conciencia puede también preocuparnos si pensamos, por ejemplo, que hemos sido negligentes con nuestros seres queridos, que no hemos realizado bien nuestro trabajo, que no hemos hecho lo que se esperaba de nosotros, que no hemos tratado bien a alguien o que no hemos cuidado lo suficiente nuestro cuerpo.

SOLUCIÓN. Una conciencia culpable es causada por algo que sucedió en el pasado. Y como bien sabes, está más allá del poder de cualquiera volver a vivir un solo día del pasado. Lo pasado, pasado está. Decide perdonarte por las equivocaciones que has cometido y sacar provecho de ellas, de modo que no vuelvas a repetirlas en el futuro. Vete a la cama con alegría en el corazón por tu resolución respecto al futuro.

6. PEREZA. El individuo perezoso pierde el sueño de dos modos: primero, pensando en las oportunidades que ha perdido y que está perdiendo debido a su pereza, y segundo concibiendo modos de evitar hacer cosas que debería estar haciendo. Normalmente se cree que una persona perezosa duerme más de lo debido. Sin embargo, por regla general dormirá en momentos en que debería estar ocupada, pero permanecerá despierta cuando debería estar durmiendo, pues se siente culpable de su apatía hacia el trabajo.

SOLUCIÓN. No existe la pereza física. Toda pereza es mental. Cuando tenemos miedo de hacer un cierto tipo de trabajo, es porque no estamos interesados en él. Nos aburre. Aprende a querer aquello que tienes que hacer. Decide que lo vas a hacer un poco mejor de lo que nunca se hizo antes. Si la pereza es uno de tus fallos, retírate a dormir con la promesa de que en el futuro hallarás algo que te guste en todo lo que se suponga que debes llevar a cabo, y que encontrarás placer en hacerlo bien.

7. ODIO. Al hacer estudios sobre el sueño y sobre las causas del insomnio, se ha advertido que quien tiene odio en su corazón nunca duerme tan bien como aquel cuya mente se halla en paz consigo misma y con el mundo en general. El primero tiene dificultades para dormirse, y cuando lo hace está tenso y descansa muy poco.

SOLUCIÓN. El odio es un veneno que opera tanto en la mente como en el cuerpo. Si pudieras comprender el daño que te haces con este sentimiento, sabrías que no puedes permitirte el lujo de odiar. ¡Recuerda!: el odio nunca daña a la persona odiada. El que odia es el que sale perjudicado.

¿Te mantiene despierto el odio? En cierta ocasión un hombre me hizo algo que me afectó mucho. Me fui a la cama, y durante dos o tres horas estuve despierto dándole vueltas a la acción que engendró mi odio. Tras cantar este «himno del odio» durante una buena parte de la noche, comprendí que no le estaba haciendo daño a nadie más que a mí mismo. Incluso me hice la pregunta: «¿No estaría este hombre contento si supiera que me mantuve despierto por su causa?». En otras palabras, realmente le estaba permitiendo que me infligiera todavía más daño. Conociendo la futilidad de permanecer despierto simplemente para odiar, recé una oración pidiendo también por él, para que en el futuro se le guiase a hacer lo correcto. Este acto disolvió mi odio. Me sumí de inmediato en un sueño reparador y me desperté por la mañana simpatizando realmente con aquella persona en lugar de odiarla como antes.

8. **PLANIFICACIÓN**. Hasta ahora, esta es la única razón constructiva que haya dado para el insomnio. La gente progresista y de miras lejanas suele gastar muchas horas que debería emplear durmiendo en hacer planes para el futuro. Sin embargo, pese a lo admirable que parezca este rasgo, da como resultado una condición física debilitada que puede más tarde impedirte hacer aquello que has planeado.

SOLUCIÓN. Al planificar con vistas al futuro, ¿por qué no aprovecharse de la gran fuente de inteligencia y poder contenida en tu mente subconsciente? Retírate pensando: «Mientras duermo, mi mente subconsciente aprenderá de mi experiencia del pasado, y a partir de ella formulará planes prácticos y progresivos hacia el futuro. Me siento feliz ante mis expectativas de crecimiento y realización continuas». Puedes, si lo deseas, ser más concreto en cuanto a tu futuro. Si tienes un objetivo definido, inclúyelo en tu instrucción nocturna a tu mente subconsciente. Por ejemplo: «Mientras duermo, mi mente subconsciente decidirá los pasos apropiados que debo dar para obtener una distribución más amplia de mi producto –menciona el nombre– y seré guiado de acuerdo con ello».

9. **CREACIÓN.** El tipo de mente inventiva, tanto si se ocupa de ideas que se puedan patentar como de diseños, material para novelas, temas para cuadros, etc., frecuentemente se hallará muy activa por la noche, cuando las ideas parecen venir rápidas y en cantidad.

   SOLUCIÓN. Lo que se dijo de la planificación se aplica igualmente aquí. Cuando permaneces despierto e intentas crear, solo estás utilizando una pequeña porción de tu mente. Cuando, por el contrario, te permites a ti mismo sumirte en un sueño tranquilo y relajado, tras haberle dado la instrucción apropiada a tu fiel servidor, la mente subconsciente, estás utilizando tus más grandes poderes mentales.

   El momento en que mejor escribo es por la mañana temprano. Cuando me retiro, me digo: «Esta noche dormiré tranquilamente; mientras tanto, mi mente subconsciente hallará un buen tema para mi artículo, y por la mañana los pensamientos fluirán hacia mí y me permitirán redactar un buen artículo en un tiempo razonable». Muchas veces, por la mañana, al colocar la hoja de papel en la máquina de escribir, no tengo ni la menor idea de cuál va a ser mi tema. Y de repente, cuando ya he puesto el papel, las ideas empiezan a llegar a mi conciencia y continúan haciéndolo hasta que el trabajo está terminado.

10. TEMOR A LA MUERTE. Por último, pero no por ello menos importante, está el temor de mucha gente a morirse. Si la salud de una persona no es buena, temerá a la muerte como resultado de su enfermedad. Si no, puede tener miedo a morir en un accidente de avión, tren o coche, o incluso como peatón, y por la noche, cuando todo está a oscuras y nos embarga un sentimiento de soledad, se dan alas a estos temores.

SOLUCIÓN. ¡Ama la vida, pero no temas a la muerte! Mi vida hogareña es feliz; mi futuro es brillante aún; mi salud, buena. No conozco a nadie que pueda querer vivir más que yo. Sin embargo, a pesar de eso, no concedo pensamiento alguno de temor al día en que abandonaré este plano de existencia.

El temor a la muerte acelera la muerte. Cuando tenemos algún dolor, si en lugar de buscar la causa y tratar de corregirlo, nos preocupamos por él, asociándolo con una posible muerte, nos volvemos histéricos. Vive como si tuvieras asegurada una existencia de ciento veinticinco años. Entonces, no importa cuál pueda ser tu edad actual, serás joven en comparación con el tiempo de vida que te has establecido.

Elimina el temor a la muerte y habrás eliminado una de las más comunes causas de insomnio.

Problemas, temores y preocupaciones cobran mayor importancia por la noche. Cuando permaneces con los ojos cerrados —en una habitación oscura— toda tu atención se enfoca en lo que te mantiene despierto. Durante el día, con los ojos abiertos, el objeto de tu insomnio, cuando se ve en comparación con lo que te rodea, pierde gran parte de su importancia.

Mucha gente realmente se prepara para una noche de insomnio antes de retirarse a dormir. «Oh, cómo temo irme a la cama. Sé que no voy a dormir», se quejan.

Tú, que lees ahora este libro sobre el poder de la mente, sabrás que mantener tales pensamientos es exactamente lo mismo que instruir a tu mente subconsciente para que te mantenga despierto; y ella te obedecerá. Prevé el momento en que te vas a ir a la cama. Piensa en lo bien que te sentirás al desvestirte, y poder estirarte y relajarte en una cama confortable. Sé consciente de que pronto estarás profundamente dormido, adquiriendo nuevas fuerzas y energías.

A menudo se le echa al café la culpa de la pérdida de sueño, en la mayoría de los casos erróneamente. Se ha dicho que los efectos estimulantes de la cafeína se pierden unas dos horas después de tomarla. Si cenas a las ocho, el efecto del café debería durar hasta las diez. Sin embargo, muchas personas, aunque no se acuesten hasta las once o después, no duermen, «porque *saben* que el café les mantendrá despiertos». Este insomnio es psicológico, y no se debe a esta sustancia.

Hay varias cosas que podrías hacer y que te conducirán a un sueño saludable:

- No pongas la cama en un lugar donde las luces del exterior te den directamente en el rostro.
- No pongas la cama en medio de una corriente de aire, pero procura que el dormitorio esté bien ventilado.
- Si hay sonidos o ruidos inevitables que puedan mantenerte despierto, toma la actitud correcta hacia ellos en lugar de quejarte; así ya no te preocuparán.

Quizá vives en un barrio muy ruidoso. Sin embargo, lamentarte de ello solo te mantendrá más despierto. Aprende a ser indiferente a esa multitud de sonidos y pronto los olvidarás.

«No puedo dormir con todo este ruido», podrías decir. Desde luego, conociendo la mente y su funcionamiento, vemos que tal afirmación está literalmente instruyendo a la mente subconsciente para que te mantenga despierto.

Cuando era joven, dormía en una tienda de un campo minero, próxima a un molino que funcionaba sin interrupción las veinticuatro horas del día. El rugido de las máquinas era terrible pero me acostumbré tanto a él que cuando por alguna razón el molino se paraba durante la noche, el silencio me despertaba.

CÓMO DISPONERSE A DORMIR

La idea que voy a darte es, hasta donde yo sé, originalmente mía. Y resulta tan interesante como efectiva.

¿Te has dado cuenta alguna vez de que cuando permaneces con los ojos cerrados en una habitación oscura, el campo de tu visión no es enteramente negro? Suele ser gris, parecido al color de una pizarra que se ha utilizado sin borrar luego completamente la tiza.

Si te relajas plenamente y fijas tu atención en ese campo gris-negruzco, descubrirás muchas cosas que tienen lugar en él. A veces advertirás remolinos o masas de color cambiante. Otras, verás formas geométricas: cuadrados, círculos, triángulos, etc., que aparecerán en un blanco pálido contra el fondo más oscuro.

Tras haber experimentado con esta «pantalla mental» durante varias noches, llegarás a ver caras e incluso personas enteras.

Este pequeño ejercicio te ayudará a eliminar de tu mente todo aquello que pueda ser causa de insomnio. Pero aún no se acaba aquí la fórmula para disponerse a dormir.

Te voy a dar un poco del material que trataré en el próximo capítulo y que te ayudará a comprender mejor mi descubrimiento de este efectivo método para dormir.

Cuando desees sumirte en el sueño, sea inmediatamente después de acostarte o tras despertarte durante la noche, sigue estos simples pasos:

1. Asegúrate de estar completamente relajado y cómodo. Procura que el pijama o camisón no te apriete por ninguna parte, y que tampoco te moleste la ropa de cama.

2. Dale a tu mente subconsciente la instrucción apropiada. En el próximo capítulo aprenderás bastante sobre la inteligencia de la mente subconsciente y cómo acepta instrucciones de la mente consciente y las ejecuta, sean o no para bien.

Cuando me dispongo a dormir, le hablo a mi mente subconsciente como si fuera un ser visible. Esto es más o menos lo que digo (luego explicaré por qué lo digo y cómo funciona el mensaje):

Estoy a punto de sumirme en un sueño reparador. Al hacerlo, dejo a tu cargo todos los asuntos. Mientras duermo, recibirás información apropiada que te permitirá guiarme, en pensamiento y acción, de manera que pueda concluirlos del mejor modo para todos los implicados... Ahora estoy en el andén de la estación, esperando a que el tren del sueño me lleve a la tierra de los sueños felices. Mientras aguardo, me entretendré observando e interpretando las numerosas imágenes que se proyectan ante mi visión mental... Me despertaré por la mañana como nuevo y con ganas de comenzar otro día de éxitos.

A medida que aprendas más sobre la mente subconsciente, encontrarás que es la verdadera sede de la inteligencia y que, con sus poderes independientes del raciocinio, puede trabajar sobre tus problemas mientras tu mente consciente se ocupa de otras cosas.

Saber que mientras gozas de un sueño reparador, la gran inteligencia de tu mente subconsciente estará descubriendo una feliz solución a tus problemas es ya, en sí mismo, un pensamiento relajante.

Puede parecer infantil hablar del andén de la estación y del tren de los sueños, pero ¿qué más da? Todos somos niños crecidos; por ello, ¿qué hay de malo en vivir ocasionalmente en la tierra de la fantasía?

La mente humana no puede pensar en dos cosas a la vez. En el momento en que comiences con esta rutina, te sentirás cómodo, y todos los pensamientos que de otro modo te habrían asediado se desvanecerán por completo.

Generalmente, me duermo incluso antes de finalizar la instrucción mental; y lo mismo te sucederá a ti una vez hayas aprendido con tu propia experiencia que el sistema funciona.

Incluso si no te duermes de inmediato, no te preocupes. Continúa observando los colores e imágenes que te llegan. No pasará mucho tiempo antes de que Morfeo te coja de la mano y te conduzca a la tierra de los sueños.

Una de las desgracias de los libros es que se obtienen con mucha facilidad. Muchas personas creen que no han perdido mucho si los libros que compran no las ayudan. Por ejemplo, ¿en cuánto valorarías el hecho de disponer de un medio efectivo, que te permita sumirte en el sueño rápidamente y que te sirva para el resto de tu vida? ¿En mil, cinco mil o diez mil dólares? Una fórmula así no tiene precio; sin embargo, es solo uno de los beneficios que te aportará este libro, y solo estamos comenzando.

¿Crees ahora que en toda la historia de Wall Street no han habido acciones capaces de pagar semejantes dividendos?

Si no puedes aguardar, comienza el capítulo siguiente. No obstante, en mi opinión, merece la pena hacer una pausa y reflexionar acerca de las valiosas enseñanzas que has aprendido en este. ¿Estás de acuerdo?

3

LA SEDE REAL DE TU INTELIGENCIA

La historia de Aladino y de su lámpara maravillosa fue indudablemente escrita por alguien que quería dar salida a sus propios deseos y hacer realidad sus anhelos.

La mayoría de las personas se complacen en darles vueltas y más vueltas a sus ilusiones, especialmente aquellas que creen que no están obteniendo de la vida todo lo que deberían. Mucha gente con numerosos asuntos de los que preocuparse pensará en lo maravilloso que sería poder irse a dormir y despertarse al día siguiente con todos sus problemas solucionados. ¿Suena ridículo decir que esto se halla dentro del campo de lo posible? Sin embargo, por ridículo que pueda parecer, es un hecho innegable: *tú posees los medios para hacer realidad todo deseo razonable.*

Si te hallas fuertemente endeudado, ese poder que hay en tu interior puede guiarte hacia la liberación de tus obligaciones económicas. Si no eres feliz con la casa en la que vives, el mismo poder puede hacerte salir de ella y entrar en el «hogar de tus sueños».

El tamaño de la fortuna que acumules dependerá exclusivamente de la cantidad de poder personal que ejerzas. Es como un automóvil: cuanto más pises el acelerador, más rápido irá.

Tanto si tu idea de la riqueza es de cincuenta mil o cien mil dólares como de un millón o más, tienes el poder mental para hacerla efectiva. Si dudas de esta afirmación, pregúntate a ti mismo: «¿Cómo adquieren su dinero los millonarios? ¿Fue un regalo de la diosa Fortuna? ¿Era su destino adquirir toda su riqueza?». No, definitivamente no. Esos magnates utilizaron su poder interno, tanto si eran conscientes de ello como si no. No poseen nada que tú no poseas excepto, quizá, que se dan cuenta de que pueden hacer cosas de gran magnitud.

«Están más preparados que yo», podrías declarar en tu defensa. Tonterías.

En Nueva York vive un hombre carente prácticamente de toda cultura. Antaño era operario, con un sueldo muy bajo. Hoy posee dos rascacielos, así como unos cuantos edificios de apartamentos de lujo. Estaba simplemente arrastrándose por la vida, cuando despertó al hecho de que tenía en su interior un depósito de poder, capaz de conducirle a grandes alturas.

Una frase que escribí hace ya muchos años describe perfectamente este y otros casos similares. ¡Piensa en ella!

Un hombre puede arrastrarse durante años sin mostrar signo alguno de éxito... Luego, en algún momento, un pensamiento poderoso se insinúa en su conciencia —y nace un líder.

La instrucción es deseable, incluso muy deseable. Deberíamos esforzarnos por lograr todo el conocimiento que podamos y procurar que nuestros hijos estudien. Sin embargo, el simple hecho de que un individuo no haya tenido oportunidad de estudiar no es razón para que abandone toda esperanza de conseguir un sobresaliente éxito en la vida.

En una gran empresa de ventas de Nueva York, uno de los vendedores más capaces es un hombre cuya instrucción es nula. Su conversación incluye todo tipo de expresiones de la calle; sin embargo, no vende a gente iletrada, sino que aborda directamente a los directores de las más grandes compañías.

Como explicaré más adelante en este mismo capítulo, este vendedor sin estudios está utilizando las poderosas fuerzas de su mente creativa.

Un hombre de negocios de una gran ciudad de la costa este de los Estados Unidos estaba a punto de hundirse. Tras una serie de circunstancias adversas, había llegado a un punto en que su pasivo superaba a su activo en cerca de quinientos mil dólares. Sus acreedores amenazaban con emprender acciones legales y dos de ellos ya habían iniciado un pleito. La situación se volvió tan adversa que la quiebra parecía inevitable.

Se desanimó tanto que por la mañana temía ir a su oficina, pues sabía que una vez más tendría que hacer frente a una larga serie de llamadas de sus acreedores.

Un día, mientras ojeaba el periódico en el tren, leyó la historia de alguien que se había hecho cargo de un negocio casi en ruinas y había logrado en poco tiempo convertirlo en un éxito total.

En la mente de nuestro preocupado hombre de negocios, nacieron una serie de motivaciones. «Si él pudo convertir en exitoso un negocio casi en ruinas, ¿por qué no voy a poder hacer yo lo mismo?», se preguntó.

Sin darse cuenta de ello, había puesto en acción a su mente creativa. Empezó a pensar en términos de PUEDO y LO HARÉ. ¿Vacilaba ahora cuando tenía que ir a su oficina? ¡No! A la mañana siguiente se apresuró a llegar a la ciudad y, en el momento en que entró en su despacho, pidió al contable que le diera la lista completa de todos sus acreedores. Los telefoneó uno a uno.

—Deme solo un poco más de tiempo y le pagaré todo, y con intereses —dijo con nuevo entusiasmo.

—¿Ha hecho algún contrato? —le preguntó uno de sus mayores acreedores.

—No, pero he obtenido algo mucho más importante —replicó el deudor—. He obtenido un nuevo ánimo que me hará salir adelante.

—Creo que así es. Lo puedo notar en su voz. Sí, estaremos encantados de cooperar con usted —dijo su interlocutor con amigable disposición.

La voz del empresario, que expresaba un júbilo sincero, consiguió una respuesta favorable de todos los acreedores que anteriormente le habían amenazado con el embargo.

Con su mente ya en paz, concentró sus esfuerzos en el negocio, y no tuvo ninguna dificultad en cerrar varios contratos favorables. No pasó mucho tiempo antes de que los libros de su compañía dejaran de presentar números rojos, para acumular en su lugar importantes beneficios.

En este caso, no sucedió nada inusual. Las condiciones del negocio eran las mismas. El único cambio se produjo en la mente del hombre, que con anterioridad había creído que su empresa se estaba estrellando de manera inevitable.

MENTE SUBCONSCIENTE O MENTE CREATIVA

A comienzos del siglo XIX, cuando los estudiosos del comportamiento humano comenzaron a comprender que la mente era dual en su modo de operar, la situada por debajo del nivel de la conciencia se denominó *mente subconsciente*. Se creyó que la mente consciente, con su capacidad de pensar, planificar y razonar, era la mente maestra, y que la otra sería su servidora. Eso está lejos de ser verdad.

Como estás a punto de aprender, la mente subconsciente es la sede real de la inteligencia y el poder. Nadie ha tenido ni tendrá nunca tanta inteligencia conscientemente como la que poseemos subconscientemente.

El prefijo «sub» significa «por debajo», «inferior». Por ejemplo; una subdelegación nunca será tan importante como la delegación. ¿Por qué, entonces, si la mente subconsciente es la sede de la inteligencia y el poder, habríamos de llamarla precisamente *subconsciente*?

La mente subconsciente guía de forma continua nuestros pensamientos y acciones, tanto hacia el éxito y la felicidad como hacia el fracaso o la desesperación.

Tan pronto como desarrollemos una *conciencia de éxito*, la mente subconsciente nos dirigirá, en pensamiento y acción, al éxito y la felicidad. Si esto es cierto, ¿no crees como yo que el nombre de mente creativa sería más apropiado? Estoy seguro de que sí. Por lo tanto, de ahora en adelante, cada vez que mencione la mente creativa, me estaré refiriendo a lo que antes llamábamos mente subconsciente.

NUESTRA CENTRAL MENTAL DE ENERGÍA

Lo que sigue es una descripción muy simple de la mente creativa y su relación con la mente consciente. Es la misma que di en la radio en Nueva York, en 1930, que luego Alfred Adler consideró la mejor descripción de la mente subconsciente que había oído nunca.

Usaremos una gran planta industrial como ejemplo. Una gran empresa, como tú sabes, tiene un presidente y un administrador general y también, por supuesto, muchos intermediarios: vicepresidentes, secretarios, tesorero, etc. Por cuestiones de simplicidad, solo pensaremos en el presidente y el director ejecutivo.

Supongamos que la empresa de este ejemplo se dedica a fabricar automóviles. Cuando se estudia un nuevo modelo de vehículo, el presidente tomará la decisión en cuanto a los cambios que se van a efectuar. Estos cambios se le darán al director ejecutivo. Los diseñadores recibirán instrucciones para realizar los planos sobre el papel, se hacen maquetas, el plan inicial es mejorado con nuevos diseños, y así sigue todo hasta que finalmente hay un coche circulando por la carretera, que lleva todas las modificaciones originalmente planeadas por el presidente. Esto da una prueba ideal de la relación entre la mente consciente y la mente creativa. La primera es el presidente; la segunda, el director ejecutivo.

La mente consciente piensa, planifica y evalúa. La creativa lleva a efecto las órdenes.

Supongamos, a modo de ejemplo, que un individuo simplemente sobreviva casi vegetando. Se las arregla para tener comida en su mesa y para pagar el alquiler, pero no le sobra nunca dinero para buenos trajes o diversiones.

De repente un pensamiento poderoso entra en su mente. Empieza a pensar en términos de éxito. Muy bien, ¿qué ocurre entonces? Su director ejecutivo —su mente creativa— acepta el pensamiento «éxito» como instrucción. Se trata de un nuevo modelo ordenado por el presidente —la mente consciente.

Ahora bien, igual que el director ejecutivo de una factoría daría instrucciones a muchos jefes de departamento, el tuyo comienza igualmente a enviar mensajes a sus ayudantes de todo el cuerpo.

Tu director ejecutivo sabe que para tener éxito hay que crearlo. Te hará estar más alerta, pondrá alas a tus pasos, te dará una mirada de determinación y agregará a tu voz una expresión que suene a éxito. Además, y esto es lo más importante de todo, dirigirá tu pensamiento de modo que te ayude a hacer aquello que te convertirá en una persona de éxito.

Hace muchos años vino un hombre a mí, confiando en que pudiera ayudarle a encontrar un trabajo. Se hallaba en una situación muy angustiosa. Debía varios meses de alquiler, le habían cortado el teléfono y su tendero estaba a punto de negarle el crédito.

Le dije que se repitiera a sí mismo frecuentemente durante las siguientes veinticuatro horas, y en especial antes de retirarse a la cama: «Soy un hombre de éxito». Le pareció incongruente, pero le hice prometer que lo cumpliría.

A la mañana siguiente se despertó, y tuvo tal ansia por salir a demostrar que era un hombre de éxito que incluso no desayunó para no perder ni un minuto.

Una vez fuera de casa, en lugar de arrastrarse con el sentimiento de que aquel sería otro día sin esperanzas, marchó con el mentón en alto y su pecho hacia fuera, revitalizado y con una actitud mental que le decía que estaba frente a un mundo de oportunidades y que podía seleccionar la que mejor se acomodase a él.

Al pasar ante unos grandes almacenes, vio un pequeño anuncio en uno de los escaparates, que decía así: «Se necesita vendedor. Departamento de Ferretería». Se detuvo un momento ante el anuncio, y luego entró con determinación en los almacenes. Le hicieron una entrevista en el departamento de personal.

—No tengo experiencia en la venta de herramientas, pero me encantan, y creo que podría realizar el trabajo que anuncian en su escaparate –aseguró.

El modo valiente y confiado en que abordó al encargado de personal causó de inmediato una buena impresión. Solo le hicieron unas preguntas preliminares.

—Quiero darle una oportunidad de que me demuestre lo que es capaz de hacer. ¿Puede empezar mañana por la mañana? –dijo el hombre sentado tras la mesa.

Esto ocurrió hace ya varios años. Nuestro hombre es ahora el encargado de su departamento y disfruta de un buen salario. Ha comprado una casa confortable y un coche nuevo y él y su familia tienen todo lo que necesitan.

La persona corriente «que nunca lo hace bien» cree que la ruta hacia el éxito es larga y tortuosa. ¿Es eso cierto? El caso recién descrito demuestra que no es así. Para este hombre, la corriente se invirtió en cuestión de veinticuatro horas.

Una vez que el patrón del éxito se implantó en su mente creativa y esta lo guió, se convirtió en un hombre de éxito.

¿No es esto una revelación para ti? ¿No es acaso difícil de creer que has estado pasando por la vida deseando mil cosas, sin comprender que a través del uso de tu mente creativa no tendrías que desear, que literalmente posees el poder de hacer que tus sueños se conviertan en realidad?

Sin embargo, obtener éxito económico no es en modo alguno el único uso para tu mente creativa, como lo muestra la siguiente historia.

Una «solterona» se lamentaba del hecho de no ser atractiva al sexo opuesto y de que estaba destinada a una vida de soledad. Le pedí que mantuviera un pensamiento como este: «Soy atractiva a los hombres. Encontraré al hombre al que pueda hacer feliz, y que a su vez me hará feliz».

¿Qué crees que sucedió? A las pocas semanas había encontrado pareja, y solo cuatro meses después estaban casados. Lo último que supe de ellos es que eran completamente felices.

Historias como esta podrían hacer creer que estoy practicando algún tipo de prestidigitación, pero no es así. Se trata tan solo de otra evidencia de lo que la mente creativa puede hacer por ti CUANDO TÚ QUIERES QUE LO HAGA. Esta mujer no había sido hasta entonces lo bastante amigable, y era tan egoísta como para no pensar en nadie más que en sí misma.

La mente creativa, que como sabes tiene facultades de razonamiento independientes de la mente consciente, la guió a volverse más amigable y desinteresada. No es desagradable sentir una actitud amistosa, y a los hombres les gusta la compañía de una mujer amable. Al cambiar su actitud, encontró uno que pronto se sintió atraído por ella, cuya generosidad hacia él le hizo pensar en términos de una vida juntos. Así que se casaron, y estoy seguro de que vivirán felices.

Durante quince años fui una personalidad de la radio. En San Francisco tuve una emisión diaria de treinta minutos durante más de una década. Normalmente la audiencia se cansaría de escuchar una charla de media hora, siete días a la semana, y siempre dada por la misma persona. En mi caso no fue así. «Parece estar haciéndolo cada vez mejor», me decían los oyentes en sus cartas.

No estoy tratando de presentarme como un hombre milagroso, porque no lo soy. No hago nada que tú no puedas hacer. Mi secreto, que me permitió acaparar el 70% de la correspondencia que llegaba a la emisora, fue que hice pleno uso de mi mente creativa.

El guion de un programa de treinta minutos requiere al menos catorce páginas escritas a máquina, a doble espacio. Yo sólo utilizaba una página con brevísimas notas. En otras palabras, prácticamente toda la charla era espontánea; tenía que dar salida a un flujo ininterrumpido de palabras.

Todos los días, antes de salir al aire, me repetía a mí mismo: «Esta emisión será la mejor que nunca hayas hecho». Y así es como funcionaba. Inmediatamente después de saludar a mis oyentes, los pensamientos comenzaban a fluir, y continuaban así hasta que el reloj me anunciaba que era el momento de decir adiós.

De la misma manera, mis editores suelen comentar que hay que hacer muy pocas correcciones en mis manuscritos. Los autores tienen a menudo que reescribir capítulos enteros de sus libros, y a veces la totalidad de la obra, antes de que pueda imprimirse. En mi último libro, *Lo haré*, no hubo que rehacer ni una sola página.

¿Estoy alardeando? ¡No!, porque no soy mejor que tú. Simplemente utilizo una fuerza que todos tenemos. Utilizo la mente creativa, que siempre está ahí, aguardando a guiarme.

Antes de sentarme delante de la máquina de escribir, le hablo a mi mente creativa. Suelo decir algo así como: «Me estás guiando hacia los pensamientos que harán de este libro algo muy valioso para todos los que lo lean». Y, como si una voz interior me dictara, los pensamientos fluyen uno detrás de otro.

Por favor, después de leer estas líneas, no digas: «Qué bien suena eso. Voy a intentarlo alguna vez».

«Voy» es una mala palabra. Es indefinida. Puedes decir que vas a hacer algo, y si no lo haces, en diez años seguirá siendo verdad. En lugar de ir a hacer algo, ¡hazlo!

Nunca conocerás la potencia de tu mente creativa hasta que hagas uso de ella. Dale una oportunidad de demostrártelo. En este mismo instante está a la espera de tus órdenes.

Eso sí, no te acerques a ella de modo negativo. No te digas a ti mismo: «Intentaré ver si funciona conmigo». La palabra «intentar» indica duda. No intentamos hacer aquello que podemos hacer, lo hacemos. «Ver si funciona conmigo» también expresa una duda. Debes, por tanto, emplear frases contundentes, que no den pie a la indeterminación.

Piensa en algo bueno que quieras que suceda. Por ejemplo, supón que tienes que tomar mañana una decisión importante. De momento te encuentras en una encrucijada; no sabes qué camino tomar. ¡Muy bien! Desde este mismo momento empieza a reforzar este pensamiento: «Respecto a la decisión que he de tomar, voy a ser guiado hacia lo mejor para todos los implicados». Repítelo varias veces, especialmente antes de retirarte a dormir. De esta manera, cuando tengas que tomar la decisión, el plan que deberás seguir te resultará claro. Te sorprenderás de descubrir lo lógico que es tu pensamiento, y sabrás instintivamente que tu opinión es sensata.

Pero no te detengas ahí. Dale a tu mente creativa otra tarea. No hay manera de que la sobrecargues. Como tu automóvil, siempre dispuesto a servirte, tu mente creativa está en todo momento esperando tus instrucciones.

¡Recuerda esto! Tu mente creativa nunca permanece ociosa. Siempre está trabajando para ti o contra ti. Por lo tanto, ¿no sería apropiado que la mantuvieras trabajando *para* ti?

¿Y LA SALUD?

Cada una de las células de tu cuerpo tiene su inteligencia, y esa inteligencia es una parte importante de tu mente creativa. Sin más comentarios por mi parte, ¿acaso esta simple afirmación no abre ya nuevas e importantes áreas de comprensión?

Comencé este capítulo refiriéndome a la mente creativa como la sede de la inteligencia. Existe un hecho relacionado con esto que debería mencionarse en este momento: la mente creativa, tal como ya sabes, acepta pensamientos de la mente consciente como instrucciones, y actúa según ellos. Has aprendido asimismo que posee facultades de razonamiento independientes de la mente consciente. Tanto si tu pensamiento es negativo como positivo, la mente creativa, sin cuestionarlo, pondrá el pensamiento en acción.

Si piensas en términos de enfermedades, tu mente creativa, que tiene contacto con todas las células de tu cuerpo, aceptará tu pensamiento como una instrucción y enviará el mensaje a todo tu ser para hacer que enfermes; conforme pase el tiempo, encontrarás en tu ser un reflejo de tus pensamientos. Como consecuencia de ello, te hundirás, tus ojos perderán brillo, adquirirás una actitud de «me siento mal».

Supón, por el contrario, que comienzas a desarrollar una actitud de «qué bien me siento». ¿Qué es lo que sucederá? Responde tú a la pregunta. Con lo que ya has aprendido, deberías saber la respuesta: ¡te sentirás estupendamente!

Hace unos pocos años, una clínica de Nueva Orleans publicó un escrito en el que afirmaba que el 74% de quinientos pacientes consecutivos admitidos con problemas gastrointestinales sufrían de una enfermedad inducida emocionalmente. En 1951, un escrito del departamento médico de enfermos no hospitalizados de una universidad del este indicó que el 76% de los pacientes que llegaban a la clínica sufría de una enfermedad provocada emocionalmente, o como suele decirse, psicosomática. Si los males de setenta y seis personas de cada cien fueron mentalmente inducidos, ¿no es razonable pensar que la sensación «estoy contento de estar sano» pueda también inducirse? ¡Naturalmente que sí!

En tus experimentos por probar la efectividad de la mente creativa como ayuda a tu salud, riqueza y felicidad, puedes aprender cómo mejorar tu vida en todos estos aspectos, simplemente dándole las instrucciones apropiadas.

Piensa algo así: «Mis actos y mis pensamientos son permanentemente guiados hacia aquello que mejorará mi salud. Mi mente creativa, por su contacto con todas y cada una de las células de mi cuerpo, establecerá un patrón de salud que me hará sentir mejor, parecer mejor y ser mejor».

Haz esta afirmación varias veces antes de irte a dormir, y advertirás cómo al día siguiente te sentirás mucho mejor.

No subestimes la importancia de este capítulo. Me gustaría que te sintieras tan entusiasmado con él que lo releyeras antes de proseguir con el siguiente.

4

EL HOMBRE ES SU MENTE

Cuando un hombre le dice a una joven: «Eres una chica muy dulce», ¿qué es lo que quiere decir? ¿Se refiere a que su ser físico es como la casita de caramelo y chocolate del cuento de Hansel y Gretel? ¿O quizá que sus rasgos son el vivo retrato de la dulzura? ¿Son su sonrisa y su expresión las que provocan tal afirmación? La respuesta a todas estas preguntas es: no.

No mucha gente se da cuenta de ello, pero es la mente la que refleja dulzura, o su opuesto.

Un individuo *dulce* es alguien cuya mente le hace ser generoso, comprensivo, simpático, amistoso y servicial.

Cuando pensamos que alguien tiene una personalidad magnética, es natural asociar esa personalidad con su ser visible y físico; pero esto, desde luego, no es correcto.

Hay muchachas bellas con personalidades tan negativas que resultan realmente repulsivas. Por el contrario, hay otras con rasgos corrientes pero cuyas personalidades son tan magnéticas que parecen dulces y encantadoras.

¿Cuál es la diferencia entre estas chicas? Todo es una cuestión de la mente. Las segundas piensan en términos de dar, mientras que las primeras lo hacen solo en términos de recibir.

Conozco a dos hombres muy semejantes desde el punto de vista físico. Uno de ellos es un buen hombre de negocios. Gana dinero y ahorra. El otro únicamente ingresa lo justo para sobrevivir. Cobra un pequeño sueldo y se gasta hasta el último centavo.

¿Cuál es la diferencia entre estos dos hombres? Es una cuestión de la mente. Uno de ellos piensa en buenos negocios y en inversiones sensatas. El otro, tan solo en cobrar por el mero placer de gastar.

Estos ejemplos podrían continuar durante muchas, muchas páginas. La única diferencia entre un escritor y quien no lo es estriba en una simple cuestión mental. Uno *sabe que puede* escribir; el otro está seguro de que no puede.

No hay ninguna diferencia física importante entre el éxito y el fracaso. Es, una vez más, cuestión mental. Uno se ve a sí mismo como un fracasado; otro *sabe que es* un hombre de éxito.

Después de hacer estas comparaciones, concluiré, por su aún no ha quedado claro, que la parte fundamental de todo ser humano es la mente. Esta hace de él lo que es, sea bueno o malo.

Cada vez que utilizas el pronombre personal «yo», no te estás refiriendo al ser físico en absoluto. Te refieres a tu ser mental. Si afirmas: «Soy feliz», no hay nada en tu organismo que pueda ser feliz. Desde luego, existe una respuesta física al hecho emocional de tu felicidad. Tus labios dibujarán una sonrisa, tu cuerpo puede incluso vibrar de risa, pero si no hay felicidad y gozo en tu mente, nada de esto sucederá.

Si te dijera: «Eres una buena persona», no me estaría refiriendo a lo que veo. No hay nada en tu piel, en tu carne y en tus huesos que pueda ser bueno o malo. Es de tu mente de lo que hablo.

¿Acaso todo esto no demuestra la afirmación que encabeza este capítulo: «El hombre es su mente»?

«Eres lo que piensas que eres» es una afirmación que encontrarás prácticamente en todos los libros que he escrito, y que verás de nuevo en los que escribiré en el futuro. ¿Comprendes plenamente la importancia de esta simple frase? No significa que eres alto o bajo, de piel clara o morena, gordo o delgado porque así lo piensas. Significa que lo que a la gente le gusta o le disgusta de ti es un reflejo de tu mente.

No tienes por qué ser infeliz, no necesitas estar siempre quejándote y lamentándote, *puedes* tener éxito. En otras palabras, dentro del ámbito de tu gran mente se encuentran el poder y la inteligencia para guiar tu vida en cualquier dirección que elijas.

Dedica unos momentos a pensar en algunos de los grandes logros de la humanidad. Algunos de los más importantes están relacionados con los medios de transporte. Un tren de muchos vagones viajará a ciento treinta kilómetros por hora o más, pero es controlado por un solo hombre —el maquinista—, aunque podríamos decir más exactamente que todo el tren es controlado por la mente de un solo hombre.

Lo mismo sucede con los barcos más grandes, El capitán, por supuesto, dispone de ayudantes, pero siempre debe haber una mente maestra.

¿Y qué ocurre con los grandes aviones, que transportan varios cientos de pasajeros con su equipaje? Acertaste: son pilotados por un único hombre.

Al principio, estos trenes, barcos y aviones fueron concebidos por una mente humana. Hubieron de ser creados antes de poder viajar en ellos.

Supón entonces que te dijera que tienes, dentro de tu ser mental, un gigantesco depósito de poder, la mayor parte del cual no es utilizado, y supón que te digo que igual que el piloto hace volar el avión, el capitán hace navegar el barco y el maquinista conduce el tren, tú (tu mente consciente) puedes gobernar a tu mente creativa de modo que te lleve en cualquier dirección que selecciones hacia la salud, la riqueza y la felicidad.

EL HOMBRE ES UNA MENTE CON CUERPO

Una de mis incontables bendiciones es poseer una mente curiosa. Debo de haber nacido bajo un signo de interrogación. Los adverbios «cómo», «por qué», «cuándo» y «dónde» son las palabras más usadas en mi vocabulario.

Cuando aprendí a conducir un automóvil, no estaba contento con que me dijeran cómo había de mover la palanca para cambiar de marcha. Insistía en levantar la tapa para ver qué sucedía cuando la movía.

Siempre he sido así. ¿Por qué funciona? o ¿cómo funciona? son solo un par de preguntas siempre presentes en mi vocabulario.

Hace varios años, mientras comía con un amigo, comenzamos a discutir un apasionante tema: los misterios del hombre. Hablamos acerca del poder de la mente y de cómo dirigía todas las células del cuerpo; si quitáramos la mente, solo quedaría una masa de carne y huesos en descomposición. Entonces comprendí una gran verdad. Hasta ese momento había considerado al hombre un cuerpo con una mente. Pero no es así, sino todo lo contrario: «El hombre es una mente con un cuerpo».

Es importante entender esta verdad, y pese a lo simple que parece, hay que pensar un buen rato sobre ella antes de captarla en su totalidad.

En realidad, tu cuerpo es meramente un utensilio para tu mente, que eres tú. Tus piernas te proporcionan la capacidad de locomoción, tus brazos realizan múltiples tareas, el alimento que ingieres suministra combustible para tu «motor», tu boca lleva a cabo una doble función –actúa como «entrada» para el alimento y como «altavoz» para tu sistema de comunicación oral–, tus ojos te sirven para guiarte, y tus oídos son los receptores de tu sistema de comunicación.

Tu ser físico tiene una doble función:

1. Mantenerse vivo y en funcionamiento.
2. Llevar a cabo y ejecutar los dictados de la mente.

SERES DE COSTUMBRES

Esto es una suposición mía, pero yo diría que al menos el 95% de lo que hacemos es guiado por el hábito antes que por el intelecto.

Cuando te despiertas por la mañana, ¿te vistes consciente, o subconscientemente? Lo último, desde luego. Mientras te afeitas, no piensas en el modo en que sostienes la maquinilla. Tu mente se ocupa mientras tanto de tus propios asuntos. Al desayunar, no analizas el modo en que utilizas el cuchillo y el tenedor. Te alimentas sin pensar en la *mecánica* de la comida. Si escribes a máquina, no pulsas las teclas de una forma consciente, sino que concentras tu mente en lo que estás poniendo sobre el papel; tu mente creativa es la que guía tus dedos.

Un buen conductor de automóvil tampoco conduce conscientemente. El uso del embrague, los frenos y el acelerador lo lleva a cabo la mente creativa.

Al aprender algo nuevo, somos lentos, pues hemos de *pensar en cómo actuamos*. Sin embargo, cuando la mente creativa se hace cargo, nos volvemos más rápidos y exactos en lo que desempeñamos. En otras palabras, lo hacemos perfectamente solo una vez que el acto se ha convertido en hábito.

Ahora bien, ¿es demasiado prematuro asegurar que si no eres feliz con tu vida tal y como es, todo lo que necesitas hacer es comenzar a formarte patrones de comportamiento adecuados a la vida a la que aspiras? No, no lo es, pero únicamente si entiendes lo que ya has leído.

He estado hablando acerca del hábito. Continue-mos con este tema un poco más, y luego te daré una rutina que deberás seguir para desarrollar hábitos que promuevan la salud, la riqueza y la felicidad.

Los hábitos no se forman instantáneamente. ¿Conoces el viejo adagio: «El hábito es un cable; tejemos un hilo cada día, y al final no podemos romperlo»? Esto es verdad solo si permitimos que sea verdad. Los hábitos *pueden* romperse, si nos lo proponemos con firmeza.

Si tu cuerpo se encuentra físicamente por debajo de lo normal, un entrenador puede mostrarte cómo deberías ejercitarlo a fin de mejorarlo sustancialmente. Sin embargo, el mero hecho de que te lo muestre no es suficiente. Deberás seguir sus instrucciones durante un tiempo antes de que puedas percibir algún cambio notorio.

Si no tienes éxito, si no eres feliz, si estás siempre quejándote y lamentándote, es porque te está guiando el tipo de hábito que hace de todo ello una realidad. Piensas en ti mismo como un fracasado, como alguien no apto para el éxito. Crees que tu suerte es la de ser infeliz. La consecuencia natural de una mente fracasada y melancólica es un cuerpo que padece dolor y sufrimiento, lo que te da aún más razones para sentir pena de ti mismo.

Un amigo mío, hombre de mucho éxito, me contó una historia que tiene relación directa con lo que te he estado exponiendo.

—Un comentario casual sobre mí, que no debiera haber oído, cambió mi vida entera —me dijo este amigo—. Yo siempre había sido un «nunca lo hago bien», simplemente salía adelante, pero siempre estaba jactándome de los grandes actos que iba a acometer. Un día oí por casualidad un comentario de alguien a quien consideraba mi amigo. Le decía a otro que yo era buen chico, pero un soñador vano, siempre dispuesto a hacer algo, pero sin hacer nunca nada. Fue ese pensamiento de que era un soñador vano lo que me puso en guardia. Decidí en ese mismo momento y lugar demostrar que yo no era así.

A partir de entonces mi amigo cambió sus hábitos de pensamiento. El pensamiento del «soñador vano» no dejó de instigarle hasta que creó una nueva imagen de sí mismo. Empezó a verse como un *hacedor* en lugar de un mero charlatán de los de «voy a...». Con el tiempo, y no mucho, su nuevo cuadro mental estaba completo, y se convirtió en un notable hombre de éxito.

HAZTE LA PRUEBA DE LA NEGATIVIDAD

La persona negativa raramente se considera negativa a sí misma. Lo más probable es que se justifique a poco que sutilmente le sugieran su negatividad.

Te voy a dar una prueba muy simple que te dirá, sin ambigüedad alguna, si tu mente se inclina hacia el lado negativo o hacia el positivo.

A continuación doy veinticinco palabras ordinarias. Léelas lentamente, advirtiendo con cuidado las asociaciones mentales que acompañan a cada una. Estas asociaciones podrán ser positivas o negativas.

Si encuentras que para la mayoría de ellas tus asociaciones son negativas, alégrate. No te extrañes: digo alégrate, pues un gran cambio va a tener lugar en tu vida, un cambio que te dará salud, riqueza y felicidad.

1. Amor	7. Oscuridad
2. Despeñadero	8. Libro
3. Dinero	9. Descanso
4. Automóvil	10. Ley
5. Alimento	11. Agua
6. Sexo	12. Carta

13. Jardín	20. Padre
14. Asistenta	21. Vestidos
15. Jefe	22. Música
16. Hogar	23. Niños
17. Invitados	24. Escribir
18. Salud	25. Pruebas
19. Mascota	

Muchas de estas palabras parecen negativas, otras positivas; pero a continuación encontrarás que cada una de ellas puede ser tanto negativa como positiva.

	NEGATIVO	POSITIVO
Amor	La asociación que se formaría en la mente de una persona negativa podría ser: «Nadie me ama»	En la mente de una persona positiva podría aparecer la imagen de un ser amado
Despeñadero	Despeñaderos peligrosos en los que la ropa se puede desgarrar o en los que uno se puede herir si se cae	Los despeñaderos añaden belleza al paisaje en la mente del pensador positivo
Dinero	Deudas, carencia de él, etc.	Comodidades, seguridad, generosidad
Automóvil	Falta de uno o lamentable situación del coche actual	Agradables viajes; diversión para la familia

	NEGATIVO	POSITIVO
Alimento	Comidas pobres, indigestión	Un agradable refrigerio con familiares y conocidos
Sexo	Resentimiento si no somos felices con nuestra pareja o si somos impopulares con el sexo opuesto	Bienestar si se tiene una vida sexual satisfactoria
Oscuridad	Soledad	Descanso, relajación
Libro	Estudio, aburrimiento	Instrucción, pasatiempo agradable
Descanso	Demasiado trabajo; no hay tiempo para descansar	Recuperación, recreo
Ley	Multas de tráfico	Orden, protección
Agua	Ahogarse, lluvia	Nadar, montar en barca, limpieza
Carta	Malas noticias	Buenas noticias
Jardín	Trabajo, gastos	Belleza
Asistenta	No puedo pagar una	Hace más agradable el trabajo casero de la esposa
Jefe	Director de esclavos	Ascenso, ingresos
Hogar	Luchas, discusiones	Compañerismo familiar
Invitados	Trabajo y gastos extras	Buena amistad
Salud	Conciencia de dolores y sufrimientos	Una situación por la que merece la pena esforzarse

	NEGATIVO	POSITIVO
Mascota	Una incomodidad, gastos	Lealtad, devoción, compañerismo
Padre	Estricto, nunca da permiso	Devoción
Vestidos	Guardarropa escaso, ropa barata	Un vestuario de buena calidad y abundante
Música	Ruido, trastorno	Paz, inspiración
Niños	Epidemias, gastos	Realización
Escribir	Incapacidad de escribir que nos hace temer tener que hacerlo	Le ayuda a uno a desarrollar sus ideas
Pruebas	Falta de confianza en nuestra capacidad de pasar las pruebas	Nos dan la oportunidad de probar nuestra capacidad

Tu reacción a estas palabras puede ser enteramente diferente de los ejemplos dados, pero a partir de ellos podrás determinar si tus primeras impresiones fueron negativas o positivas.

Los estudios psicológicos han demostrado que el 95% de las personas se inclinan hacia el lado negativo. Esta cifra coincide con la investigación que reveló que no más de un 5% de los individuos tienen éxito. Si te encuentras entre ese 95% de gente negativa, no hay duda de que tus reacciones espontáneas a las palabras cayeron la mayoría en el lado negativo. Si descubres que es así, como dije antes, debes alegrarte.

«Una verdad descubierta está ya medio superada», se oye a menudo. Si tienes tendencias negativas en tu forma de pensar, es razonablemente seguro que no estás disfrutando de tanto éxito como podrías desear, que no eres tan feliz como debieras.

Piensa pues, con regocijo, que el día de tu emancipación se encuentra al alcance de la mano. Ya no serás esclavo de la carencia, la incertidumbre y el pesimismo. Puedes literalmente elevar la cabeza hacia el cielo, extender los brazos y, con ilimitado entusiasmo, proclamar: «¡Soy libre!».

CONVIERTE EL PENSAMIENTO POSITIVO EN UN JUEGO

Copia la lista de palabras en un trozo de papel. Cuando tengas invitados, sugiéreles que hagan la prueba para ver lo negativos —o positivos— que pueden ser. Discute sobre la mente, y cómo puede conducirnos al éxito o al fracaso. ¡Recuerda! Cuanto más consciente te vuelvas del poder del pensamiento, más cauto serás en cuanto al tipo de pensamientos que consientas en tu mente.

He aquí otro juego valioso. Toma las letras del alfabeto y comprueba cuántas palabras positivas puedes seleccionar para cada una de ellas. Entre las palabras positivas que podrías seleccionar para la A están adorable, admirado, agradable, alerta, ambicioso, amistad, etc. Para la B podrías pensar en bello, bendición, beneficio, bondad, etc. Prosigue a través del alfabeto, pensando en tantas palabras positivas como puedas.

Un buen modo de utilizar este alfabeto positivo es empleando una pequeña tarjeta, aproximadamente del tamaño usual de una ficha escolar. Consíguete una serie de tarjetas índice y otras en blanco. Utiliza una para cada palabra positiva. Pronto tendrás más de cien fichas en tu archivo.

Cada vez que aprendas o leas algo acerca de una de las palabras positivas, busca la tarjeta de tu fichero y añade la información obtenida.

No es probable que acudas a menudo a este fichero en busca de información, pero el acto mismo de mantenerlo te volverá más consciente del pensamiento positivo.

¡PUEDO! ¡SERÉ! ¡SOY!

En uno de mis primeros libros di una fórmula que ha sido utilizada con gran resultado por, quizá, cientos de miles de hombres y mujeres en busca del éxito.

Esta fórmula es un modo extremadamente simple y efectivo de reeducar tu mente creativa, haciendo que te resulte *natural* pensar positiva y constructivamente.

Durante toda una semana, dite a ti mismo, tan a menudo como pienses en ello: «¡Puedo tener éxito!». Dilo antes de retirarte a dormir, en el momento de despertarte por la mañana y a lo largo del día.

Esto fijará en tu mente el hecho de que PUEDES tener éxito. Estarás de acuerdo en que, salvo que sepas que *puedes* tener éxito, resultará inútil intentarlo. Así que graba a fuego esto en tu mente, incluso si, al principio, no lo crees. Tras un breve período de tiempo empezarás a regocijarte con el pensamiento de que el éxito puede ser tuyo.

Sin embargo, ser consciente de que PUEDES tener éxito no es suficiente. Todos sabemos lo que *podemos* hacer, pero, salvo que actuemos al respecto, el conocimiento positivo nos es de poca ayuda. Esto nos lleva a la segunda fase de la fórmula: durante otra semana —o más, si así lo deseas—, cada vez que pienses en ello, repítete a ti mismo: «¡Tendré éxito!». De nuevo, haz esto muchas veces, desde la mañana hasta el momento de irte a dormir.

Un gran cambio empezará a tener lugar dentro de tu depósito mental de poder. Experimentarás un agradable desasosiego. Querrás poner a prueba tus nuevos poderes. Si, por ejemplo, has ansiado un negocio propio, comenzarás a prepararte para él. Si no tienes dinero en absoluto, no importa. Tu mente creativa te guiará hacia diferentes modos y medios de obtenerlo.

Pero aún no he acabado con tus ejercicios mentales. Durante otra semana al menos, dite a ti mismo: «¡Tengo éxito!» muchas veces, desde la mañana temprano hasta que te vayas a la cama.

Esta afirmación puede parecer un poco prematura, pero no lo es. Cuando tu dinero está depositado en el banco, aunque no tengas nada en el bolsillo, estás totalmente seguro de que sin esfuerzo puedes firmar un cheque y obtener cierta cantidad.

Si tienes una *conciencia de éxito* y sabes que PUEDES tener éxito, has cumplido tu deseo.

Todas las afirmaciones hechas en este capítulo se han probado, se están probando y se probarán una y otra vez. Pueden parecer demasiado buenas para ser verdad, pero no dediques tu atención a este pensamiento. Estos principios están elevando a otros desde la mediocridad hasta el liderazgo. Si no ocurre así contigo es porque no les estás dando la oportunidad de que lo hagan.

Antes de proseguir con el siguiente capítulo, haz una pausa y reflexiona sobre este. Si no te ha entusiasmado, eso significa que hay uno o dos puntos que se te han pasado por alto y deberías volver a leerlo, entero o en parte.

Aunque he estado utilizando estos principios durante varios años, el simple hecho de hablar de ellos me entusiasma de nuevo. Quiero que todos vosotros obtengáis de la vida lo que estas verdades están logrando para mí.

5

FAMILIARIZÁNDOTE
CON TU YO REAL

Cuando Sócrates —sobre el año 400 a. de C.— les dijo a sus seguidores: «Conócete a ti mismo», estoy seguro de que no se estaba refiriendo a su ser físico, sino que su afirmación iba dirigida al intelecto, esto es, a la mente.

Una vez leí una historia en la que el autor aseguraba que dentro de todo ser había dos entidades: una positiva y otra negativa. La entidad positiva no veía más que el bien: salud, fuerza, éxito, felicidad, etc. La negativa veía justo lo opuesto: pesimismo, mala salud, fracaso, etc. Este autor creía que éramos influenciados por una sola entidad cada vez. Si permitiéramos que la entidad positiva tomase el mando, caminaríamos erectos, con el pecho fuera y el mentón en alto, una chispa luminosa en nuestra mirada y una expresión resuelta de determinación en nuestro rostro. Si fuese la entidad negativa la que asumiera el control, ocurriría todo lo contrario:

habría plomo en nuestros pies, caminaríamos con ojos idos y la boca babeante, y nuestro rostro reflejaría una desesperación abyecta.

Yo no estoy tan seguro de que dos entidades vivan dentro de nuestro ser, pero sé con certeza que nuestra mente se dirige en una dirección positiva o negativa.

Como dije antes, de acuerdo con los psicólogos, el 95% de las personas se inclinan en su pensamiento hacia el lado negativo. Esta opinión implicaría que la mayoría de la gente se halla bajo el control de su aspecto negativo y explicaría por qué un porcentaje tan grande de individuos es infeliz y se siente fracasado.

El título de este capítulo es: «Familiarizándote con tu YO REAL». Si te encuentras entre ese 95% que se inclina hacia el lado negativo, puede que no te agrade encontrarte con tu YO REAL, pero en lugar de lamentarte, tendrás motivos de alegría, pues habrás aprendido por qué eres como eres y qué puedes hacer para cambiar tu situación.

En el capítulo anterior se te dio una prueba simple para saber si te inclinabas negativa o positivamente. Este es el primer, y quizá el más importante, paso para familiarizarte con tu YO REAL.

Los ejemplos que siguen están destinados a aquellos que son de inclinación negativa. De hecho, esta descripción puede aplicarse a la mayoría de los lectores de este libro, pues, después de todo, una persona de mentalidad estrictamente positiva en realidad no lo necesita.

Permíteme que te cuente la historia de un hombre que permaneció despierto toda la noche –y bien que se alegró de ello–. Le llamaremos Joe Benson.

Joe había entrado en una racha de mala suerte, en la que se encontró sin dinero y con una serie de deudas impagadas encima de la mesa. Las cosas se estaban poniendo serias para este hombre infeliz y ya estaba resintiendo los efectos del insomnio. Una noche se fue a acostar y, como de costumbre, comenzó a pensar en sus muchos acreedores y en las amenazas que le habían hecho.

Un pensamiento a contracorriente entró en la mente de Benson. En uno de mis primeros libros había leído el mismo pensamiento que se repite en esta obra: que el hombre no es un cuerpo con una mente, sino una mente con un cuerpo.

Esta afirmación no le había dicho gran cosa cuando la leyó por vez primera, pero ahora parecía cobrar una nueva importancia: «Si yo soy mente —pensó—, puedo ser cualquier cosa que quiera ser. Todo lo que necesito es hacerme a la idea de lo que deseo ser, y ser justo eso».

Durante toda la noche, su mente corrió en círculos constructivos. Pensó en sí mismo tal como era. Pensó en otros a quienes quisiera emular. Pensó en los cambios que habría de hacer en sí mismo para conseguir sus propósitos. «¿Cuál es la diferencia entre yo y el hombre al que admiro, y quizás envidio? —se preguntó a sí mismo—. No quiero referirme a mí mismo como una persona débil de carácter, pero haría bien en afrontarlo y admitir que es la verdad. Lo cierto es que me encojo cuando he de pedir a otros que me concedan algo que aliviaría mi situación, pues creo que me lo van a negar, como invariablemente ocurre».

Y continuó con su discurrir mental: «El decidido tiene fuerza. Les *dice* a los otros lo que desea hacer, algo que será de provecho para ambos. Ellos lo escuchan y, en la mayoría de los casos, hacen lo que él quiere que hagan. Mis acciones están guiadas por mi mente. Las acciones del otro están guiadas por su mente. ¿Por qué no podría cambiar mi mente para que coincidiera con la suya?».

Los primeros rayos del sol de la mañana que se asomaban entre sus cortinas le indicaron el amanecer de un nuevo día.

Joe Benson se levantó, y en lugar de tener un aspecto agotado, se hallaba vivo y alerta, con una expresión bastante similar a la del minero que acaba de golpear en un filón de oro.

La señora Benson, al ver a su marido cambiado, no se atrevió a preguntarle qué había sucedido. Pero su curiosidad se vio pronto satisfecha, pues a la hora del desayuno escuchó la entusiasta historia de cómo una noche sin dormir cambiaría el futuro de ambos.

Joe permaneció en su hogar durante ese día, y con razón. Cogió lápiz y papel, e hizo el esquema de su problema de acuerdo con la medida mental descrita en uno de mis anteriores libros. Decidió cuál sería su objetivo; en su caso se trataba de un medio de liquidar sus deudas y lograr unos ingresos con los que pudiera mantener un nivel de vida razonablemente elevado. A continuación hizo una lista de cada uno de los obstáculos que se cruzaban entre él y su objetivo; después diseñó un plan de acción que le permitiría sortear las dificultades y alcanzar su meta.

Antes de retirarse a dormir, meditó sobre su nuevo plan largo tiempo, y determinó levantarse temprano a la mañana siguiente para ponerlo en marcha.

Sin conocer los principios revelados en este libro, Joe Benson estaba literalmente «haciéndose rico mientras dormía». Se había retirado a descansar con su plan constructivo de acción bien trazado, y mientras su mente consciente dormía, su mente creativa trabajaba con gran diligencia en él.

Llevaría muchas páginas contar la historia completa de Joe Benson y de lo que ocurrió como resultado de su noche sin dormir, pero baste decir que él y su esposa viven ahora en una gran mansión, con unos ingresos suficientemente grandes para mantenerla.

¿Entiendes por qué fue posible esto? El cambio tuvo lugar cuando Benson aprendió la gran verdad de que él era una mente con cuerpo y que podía, simplemente cambiando su pensamiento, convertirse en lo que quisiera.

NOS ESFORZAMOS MÁS POR OBTENER UN FRACASO QUE POR CONSEGUIR EL ÉXITO

¡Permíteme hacerte una pregunta! ¿Requirió el cambio de actitud mental de Joe Benson grandes esfuerzos y trabajos pesados? ¡En absoluto! Abordó sus problemas con firmeza y determinación. Aquellos con quienes habló sobre sus apuros se impresionaron con su ánimo y desearon ayudarle porque les pareció que merecía la pena. Antes del cambio se acercaba a los clientes tímidamente, con mano vacilante y voz encogida. Invariablemente le negaban todo, pues daba la impresión de ser incapaz de mantener ninguna promesa que hiciera.

¿Costó mucho invertir el sentido de la corriente? Al contrario. Anteriormente, Joe llegaba a su hogar desalentado, sabiendo que habría de emplear mucho tiempo batallando con sus acreedores. Con su nueva entidad al mando de la situación, regresaba a casa gozoso, viendo la vida como nunca antes la había visto. Como consecuencia de ello, en lugar de deudas, pronto sus ahorros e inversiones comenzaron a multiplicarse.

Otra pregunta me viene a la mente: ¿hizo Joe algo que tú no puedas hacer? ¡No! Igual que él cambió su mente y empezó a verse a sí mismo tal como quería ser, tú puedes hacer exactamente lo mismo, y el cambio que tendrá lugar en tu vida será tan espectacular como el suyo.

No sería sincero contigo si dijera que cambiar tu conciencia como Benson lo hizo es tan sencillo como cambiar de idea e irte al cine en lugar de quedarte en casa. No, se requiere un proceso mental diferente.

Quizá este ejemplo te ayudará a entenderlo mejor. ¿Has visto alguna vez a alguien haciendo un truco de magia tan asombroso que no podías imaginar cómo lo hacía y luego te enseñaron el truco? Al principio pensaste: «¡Oh, yo nunca podría hacer eso!», pero luego estudiaste la explicación que se te dio y exclamaste: «¡Qué fácil!». Cuando te diste cuenta de lo simple que era realmente el truco, supiste que con un poco de práctica también tú podrías realizarlo.

Hay tanta gente que cree estar destinada a ir por la vida careciendo de todo y haciendo sacrificios que les parece un milagro que su salvación pueda estar al alcance de la mano, y que sea tan fácil obtener lo que desean de la vida. Cuando estas personas leen un libro como este, pueden *anhelar* lo mejor de la vida, pero no permiten que el pensamiento de que la abundancia está a su alcance, entre y habite en su conciencia.

He aquí otro ejemplo que muestra cómo un cambio de actitud mental sacó a un hombre de su miseria y lo colocó en la ruta hacia la salud, la riqueza y la felicidad.

Fred White era un hombre corriente. Ganaba lo suficiente para salir adelante, pero no podía ser clasificado como un hombre de éxito.

El jefe de la compañía en la que trabajaba dio una fiesta para todos sus empleados, incluido Fred. Antes de acabar la fiesta, todos los invitados hicieron un recorrido a través de su impresionante mansión.

White ni siquiera había deseado una casa así; parecía estar tan lejos de sus posibilidades. Esa noche pensó mucho, recordó cómo el amplio salón había sido diseñado de modo que el balcón mirase a un gran estanque, creando el efecto de una villa al lado de un lago.

Recordó las valiosas pinturas que adornaban las grandes paredes: sobre todo paisajes y retratos de los antepasados de su jefe. Fred se sentía bastante infeliz, y se preguntaba por qué algunas personas podían tenerlo todo, mientras otras pasaban por la vida cubriendo apenas las necesidades más básicas.

De repente, una gran verdad se le hizo aparente: «¿Por qué soy tan infeliz? —razonó—. En este mismo momento puedo gozar prácticamente de todo lo que mi jefe tiene. En una hora puedo llegar al lago, y pasar allí minutos, horas e incluso el día entero, gozando de una vista mucho más hermosa que la que mi jefe ve desde el balcón de su salón. Puedo ir al campo y a las colinas, y ver mucha más belleza de la que se encuentra en los lienzos de esa mansión. Mi casa puede no ser tan sofisticada, pero disfruto de comidas sabrosas y nutritivas, y duermo en una cama confortable».

Conforme Fred White hacía comparaciones entre su situación y la del hombre al que había estado envidiando, se sentía cada vez mejor e invadido por una mayor sensación de paz.

Sin embargo, no se permitió a sí mismo la complacencia. Comenzó a desarrollar lo que en mi libro *Lo haré* «llamo descontento feliz». Era feliz con las bendiciones de que disponía, pero estaba descontento por ser feliz con ellas, pues creía que podía aumentar sus posesiones y que tenía derecho a ello.

La envidia es una fuerza restrictiva. Envidiar indica una falta de confianza en nuestra capacidad para adquirir lo que envidiamos, de ahí que impida el desarrollo de la iniciativa para obtener lo envidiado.

Fred, al darse cuenta de que, incluso sin riquezas, podía gozar de las mismas bendiciones que los ricos, obtuvo una gran sensación de paz. Ya no envidiaba a su jefe, sino que comenzó a desarrollarse mentalmente y pudo empezar a pensar en términos de mejorarse a sí mismo.

Conforme ganó estatura como hombre de negocios, su jefe le prestó más atención, y lo ascendió cada vez más en la compañía.

¿Necesito seguir con esta historia? Solo hasta el punto de deciros que hoy en día Fred White es vicepresidente de la empresa y vive en una casa muy bella.

¡EL TÚ REAL!

Dije antes que el 95% de los individuos se inclinaba hacia el lado negativo, y esta cifra probablemente te incluya a ti también. Creo, no obstante, que incluso en las personas negativas hay más positividad innata que negatividad, solo que permiten que su ser positivo se vea oscurecido por pensamientos negativos. Es como una casa de madera que ha sido pintada. En volumen, hay miles de veces más madera que pintura, pero esta recubre completamente a la madera.

Si cogieras una hoja de papel de un metro cuadrado de superficie y pintaras en ella un pequeño cuadrado negro de solo cinco milímetros de lado, aunque el papel sea cuarenta mil veces mayor que la pequeña superficie negra, tu ojo se fijaría más en el punto que en el resto del área.

Pese a lo negativo que hayas pensado que eras, creo definitivamente que eres más positivo que negativo. Pero si no estás gozando de la vida todo lo que anhelas, no es porque el destino tenga nada en contra tuya. Es porque estás permitiendo que tu lado negativo asuma el mando. Estás permitiendo que una máscara superficial, de la que te has rodeado durante años, influya en tu pensamiento, tus acciones y tus logros.

Entrénate para ser positivo. Cada vez que te encuentres con un pensamiento negativo en tu mente, aléjalo con uno positivo. Puede que no veas los resultados de inmediato, pero llegarán. Si plantas una semilla en la tierra, tardará varios días antes de que aparezca algo por encima de la superficie. Pero si la semilla es fértil, y la cultivas y la riegas, debes estar seguro de que con el tiempo se convertirá en una planta. Cuando empieces a mantener pensamientos positivos, es posible que no veas nada al principio, pero con persistencia pronto descubrirás que tu «entidad» positiva está haciéndose cargo del mando, y la vida te presentará un significado diferente.

«¿Cómo puedo ser positivo cuando todos los que me rodean son negativos?», puedes preguntarte. Esto plantea otra pregunta, que me atrevería a hacerte. Si te encontraras en una estación de ferrocarril y pudieras elegir entre dos billetes, uno que te llevara a una tierra árida y otro a una deliciosa tierra de flores, frutos y vegetación, ¿qué billete seleccionarías? La respuesta es obvia.

Tienes la elección de ser negativo o positivo. Lo primero te lleva a la melancolía, a la mala salud y al fracaso; lo segundo, a la buena salud, la riqueza y la felicidad. ¿Cuál escoges?

Dado que el porcentaje de gente negativa excede con mucho al de gente positiva, es lógico suponer que todos nosotros estamos rodeados por más gente negativa que positiva. Si las personas que te rodean son así, en lugar de imitarlas como los monos y hacerte desgraciado, guarda tu propia felicidad y rehúsa seguir sus pasos.

Puedes, si así lo determinas, convertir algunas personas negativas en positivas. He aquí el caso de una esposa de mentalidad positiva que, a través de una estrategia bien meditada, transformó a su negativo esposo en un individuo entusiasta de pensamiento positivo.

—Todas esas sandeces de que la mente domina a la materia te enviarán al manicomio –le reprochaba constantemente a su esposa.

Cuando ocurría algo desagradable, y ella hacía algún comentario como: «Oh, todo es para bien», él le decía que no estaba en sus cabales.

Esta mujer pudo haberse resignado a una vida de mediocridad, pero rehusó hacerlo así. Conocía las leyes del pensamiento positivo, y también sabía que su marido se hundía a sí mismo con su pensamiento negativo. Se le ocurrió una idea. Una tarde, mientras él estaba sentado, sin hacer nada en particular, ella leía uno de los numerosos libros sobre autosuperación mental.

—No entiendo nada de esto. ¿Podrías, con esa gran mente que tienes, leer esta parte del capítulo y ver si puedes comprender qué es lo que está tratando de decir el autor? –le pidió ella, mientras pasaba el libro abierto a su esposo.

Adulado por su comentario respecto a su mente, aceptó el reto. Leyó el capítulo, no intentando estar de acuerdo con el autor, sino tratando de encontrar absurdos con los que demostrar a su esposa que todas las teorías de «la mente que domina a la materia» no son sino una sarta de sandeces.

Pero conforme seguía leyendo, aquellas palabras comenzaron a adquirir sentido para él; las partes empezaban a encajar. Lentamente aceptó la idea de que los pensamientos negativos producen reacciones negativas y que los pensamientos positivos producen reacciones positivas.

El hombre comenzó por pensar en su trabajo. Comprendió que nunca se había esforzado un ápice más de lo justo para salir adelante.

A la mañana siguiente, fue a su trabajo con una nueva actitud: decidió desempeñar su labor un poco mejor de lo que lo había hecho nunca. En lugar de escabullirse cada vez que podía para intercambiar historias con sus compañeros, se atenía felizmente al trabajo, en un intento por alcanzar la máxima perfección. En su ansia por sobresalir, incluso hizo un descubrimiento: inventó un «atajo» que le permitía realizar más trabajo y mejor. El descubrimiento podía incluso ser utilizado por otros compañeros de la planta, haciendo sus esfuerzos más eficientes.

¿Qué sucedió? ¿Necesito decírtelo? Estoy seguro de que te me habrás anticipado. Sabrás que consiguió el reconocimiento por parte de su compañía y que fue adecuadamente compensado por su logro. Si ahora intentas hablarle a este hombre en contra del «dominio de la mente sobre la materia», emplearía en su favor un argumento tan fuerte como el que yo mismo podría usar en este libro.

«Cuando no estamos por encima de una cosa, a menudo estamos bajo ella», dijo un gran filósofo, y no podía estar más en lo cierto.

El poder del pensamiento positivo» (tomando prestado el título del gran libro de Norman Vincent Peale) es algo tan demostrado que nadie podría negarlo. No es ya una teoría, sino un hecho, y lo que es más importante, es un hecho muy sencillo de probar.

Hay todavía quienes constituirán la excepción. Y proclamarán: «Lo intenté y no funcionó». Cuando se les pregunta al respecto, se descubre que no desarrollaron el pensamiento positivo en absoluto. Meramente *desearon* el éxito y la felicidad, y como no alcanzaron su deseo, decidieron que la mente no tiene influencia alguna sobre la materia.

Permíteme cerrar este capítulo con la sorprendente afirmación de que *todos los días todo el mundo* hace uso del principio del dominio de la mente sobre la materia, tanto si se benefician de él como si no.

Quien sigue siendo desgraciado a través del fracaso, la escasa salud y la melancolía, es definitivamente influido por el dominio de la mente sobre la materia. Este individuo no *desea* estas condiciones, pero *se ve* a sí mismo teniéndolas; *cree* estar condenado a poseerlas.

Ahora bien, si esta misma persona pudiera visualizar, con la misma fuerza, la salud, la riqueza y la felicidad, no *desearlas* sino verse a sí misma poseyéndolas, ¿no estás de acuerdo conmigo en que pronto se vería bendecido con ellas?

¿Acaso no te inspira este capítulo a considerar ahora la vida con una especie de deleite al estilo de *Alicia en el país de las maravillas*? ¿No está tu visión comenzando ahora a atravesar la bruma de incertidumbre de esa nueva vida que pronto será tuya?

6

¡ERES LO QUE CREES QUE ERES!

¡Tú *eres lo que crees que eres*! Pese a lo mucho que he utilizado esta expresión en mis charlas y escritos, me pregunto cuánta gente ha entendido realmente su significado. Tras una de mis charlas sobre este tema, una mujer se me acercó con una acusación:

—¿Cree usted que soy pobre porque deseo serlo? ¿Piensa que soy infeliz porque así lo he elegido? —me preguntó con severidad.

Naturalmente, nadie desea ser pobre o infeliz; pero sigue siendo cierto que «somos lo que creemos ser». Es tan importante que comprendas la trascendencia de esta afirmación que le dedico todo un capítulo. Si piensas en ello mientras sigues leyendo, encontrarás un *tú* diferente cuando te mires al espejo.

«Soy un negado para la música», oirás que dice quien nunca se ha dedicado a ella. «Soy muy torpe manualmente», dirá el hombre que no se dedicó jamás a la artesanía o al bricolaje. «No sirvo para el arte» o «No sé escribir» son afirmaciones que se oyen a menudo.

Luego están los que intentan describir sus emociones: «Soy muy fácil de convencer», dirá uno, mientras que otro declarará: «A mí nadie me engaña».

¡Tú eres lo que crees ser! Nuestros cuerpos no reflejan el talento, o la falta del él.

Si un hombre carece de habilidades musicales, no es porque posea alguna característica física que se lo impida. Si somos torpes con las herramientas, no es culpa de nuestro cuerpo. LO QUE SOMOS ES UN REFLEJO DE LA IMAGEN MENTAL QUE HEMOS ESTADO MANTENIENDO DE NOSOTROS MISMOS.

Antes de que alguno de vosotros me muestre una excepción, permitidme decir que al hablar de los diversos talentos y rasgos del carácter, me estoy refiriendo a aquel individuo que no presenta una minusvalía. Naturalmente, un hombre con una sola pierna no podría ganar una carrera, una persona con las manos deformes no podría nunca sobresalir como pianista o un ciego difícilmente se distinguiría como pintor, independientemente de las imágenes mentales que albergaran.

¿Qué clase de imagen mental mantiene de sí mismo el ejecutivo triunfador? ¿Se ve como un pobre hombre de negocios? ¡Ni por asomo! Ha alcanzado las máximas alturas en su campo porque se ha visto a sí mismo como un hombre de éxito.

Cuando diseñé mi casa, le expliqué al arquitecto el tipo de estructura que deseaba. Él reflexionó un momento, y luego dijo:

—Creo que sé exactamente lo que quiere.

¿Tenía ese hombre fe en sus capacidades? ¿O se veía a sí mismo como un pobre arquitecto? Esta pregunta es realmente estúpida, pues la respuesta resulta obvia.

¡Voy a darte una noticia estupenda! Si hay algo que siempre has deseado hacer pero te creías incapaz, todo lo que necesitas es desarrollar la conciencia de que ¡puedes hacerlo!, y no tendrás ninguna dificultad en llevarlo a cabo.

Para probar la verdad de esta afirmación, hice un experimento en mi propia casa.

Mi esposa, a quien este libro está dedicado, siempre había mantenido que no tenía cualidades artísticas en lo más mínimo. Nunca había intentado dibujar o pintar un cuadro, pues pensaba que era una negada para ello.

Comencé a establecer en su mente la conciencia de que podría fácilmente convertirse en pintora. En la selección de su vestuario la halagaba por su gusto con los colores, le hacía ver cómo todas sus prendas armonizaban unas con otras, y luego dejaba caer la sugerencia de que podría ser una buena pintora. Cuando hacía fotos, la halagaba sobre lo bien que disponía los objetos o las personas para obtener una buena composición. Todo esto contribuía a la idea de que tenía facultades artísticas.

Por Navidad, mi regalo para ella fue un lote completo de material para pintura y dibujo. Había óleos, ceras, pasteles, lápices de todos los grados de dureza, lienzos, caballete, etc. A partir de este lote podría elegir el medio con el que deseaba trabajar.

Su primer intento fue un óleo de 35x50 del famoso ciprés batido por el viento de Monterrey, California. Sin entrenamiento alguno, lo hizo sumamente bien en este primer cuadro. Ahora, por toda nuestra casa hay numerosas evidencias de sus capacidades artísticas, desarrolladas una vez que se percató de que tenía talento.

El director de una gran agencia de publicidad me contó cómo se identificó con ese trabajo. Hacia el final de la adolescencia, creyó que quería ser ingeniero —de hecho, se había estado preparando en el instituto con ese fin—. Este hombre tenía un fonógrafo y varios discos que deseaba vender. Seleccionó los nombres de unos pocos amigos que pudieran estar interesados y les escribió cartas en las que les ofrecía el lote musical. Uno de ellos le compró el aparato y los discos, y en su contestación alabó al vendedor por la carta que había escrito y le dijo que debería entrar en el negocio de la publicidad, pues tenía facilidad para presentar una oferta de modo muy convincente.

Igual que un guijarro caído en el estanque hace que las ondas lleguen hasta la orilla más lejana, ese pensamiento relativo a una carrera en el mundo de la publicidad cayó en la mente de este joven, y siguió creciendo y creciendo hasta que no pudo verse a sí mismo más que como publicista. En otras palabras, tan pronto empezó a pensar en sí mismo como publicista, se convirtió en uno de ellos.

En la reunión de un club, se le pidió inesperadamente a un miembro que diera una charla sobre el viaje que acababa de hacer. Ese hombre nunca había hablado en público, y se encontraba bastante azorado por tener que hacerlo. Una vez que la reunión terminó, uno de los asistentes le dijo que podría dedicarse a hablar en público, pues había organizado la charla de una manera muy lógica. Dar discursos es lo último que se hubiera podido imaginar, es decir, hasta que se le hizo la sugerencia. A partir de entonces empezó a pensar en sí mismo como un buen orador, y ahora le llaman constantemente para que dé charlas.

¿POR QUÉ ERES COMO ERES?

La mayoría de las personas se han aceptado tan plenamente como son que apenas reflexionan sobre cómo llegaron a ser de ese modo.

En la gran mayoría de los casos somos como somos debido a influencias recibidas durante la infancia. La mayor parte de los temores, fobias, inhibiciones y complejos que arrastramos a lo largo de nuestra vida fueron establecidos en nuestra mente mientras éramos niños.

Consideremos por ejemplo la timidez. Muy pocas personas se vuelven tímidas de adultas. Generalmente suele ser una consecuencia de las sugestiones que sobre la timidez recibimos durante la infancia y la juventud, y que luego ampliamos y arrastramos durante el resto de nuestra vida.

Te voy a poner un ejemplo: una madre quiere exhibir a la pequeña Mary ante sus invitados. Puede pedirle que recite o que cante. Por alguna razón, Mary vacila; entonces su madre, sin comprender el daño que está haciendo, comentará lo tímida que es:

—Cuando se encuentra sola es una cotorra, pero cuando hay compañía se cierra como una ostra —explicará.

Tales comentarios en presencia de la niña le crearán una conciencia de timidez. Conforme Mary crece, comenta su timidez, deseando sentirse cómoda en presencia de otros, pero admitiendo que no puede por ser tan tímida. Quienes conocemos algo acerca del funcionamiento de la mente sabemos que cada vez que Mary le concede voz o pensamiento a su timidez, la acrecienta. Así que esta dama va por la vida perdiéndose muchas satisfacciones a causa de su retraimiento.

Ese sentimiento de inseguridad que tanta gente arrastra no se desarrolló en ellos siendo ya adultos. Una vez más, hemos de culpar a los padres, que no saben nada o muy poco sobre la psicología infantil.

Otro ejemplo: el pequeño William está jugando en el jardín, y se le advierte:

—Ten cuidado con esos pantalones. Solo Dios sabe cuándo tendrás otro par.

Si William deja un trozo de pan en el plato, se le dice cuántas personas hambrientas hay en el mundo que desearían tenerlo, y además que quizá llegue un día en que desee poder comer ese trozo de pan.

Como consecuencia, William va por la vida sin sentirse nunca del todo seguro. Teme hacer cualquier cosa que requiera iniciativa, pues piensa que el asunto en cuestión podría no acabar bien.

No quiero decir que debería alentarse a los niños a ser descuidados y derrochadores; pero se los puede educar sin hacerles sentir que la pobreza está siempre acechando a la vuelta de la esquina.

Se ha demostrado que a la mayoría de quienes van por la vida como fracasados se les implantó en la mente el instinto del fracaso mientras eran niños.

Muchos se arrugan, con un sentimiento de no ser lo bastante buenos, establecido en ellos durante la infancia.

Hay bastantes adultos que dicen frases como: «Deja eso, lo vas a romper. No sabes nada sobre herramientas». Al niño no para de indicársele lo que *no puede* hacer, pero raramente se le da confianza para aquello que puede hacer. Este es el tipo de niño que crecerá afirmando: «No soy mañoso con las herramientas». No lo es porque anteriormente se le dijo –en una época en la que era sumamente impresionable– que no sabía nada sobre herramientas, y él lo creyó.

Podría dar un ejemplo tras otro para mostrarte por qué somos como somos.

En la mayoría de los casos, un cierto patrón es fijado en nuestra mente: somos de esta manera o de esta otra, y desde entonces pasamos a reflejar esa situación.

Tú eres lo que crees ser. Si tus padres hubiesen sido lo bastante sabios para implantar en tu mente que tenías dotes de hombre de negocios triunfador, habrías continuado viéndote a ti mismo de ese modo, y en años posteriores habrías reproducido en tus negocios la imagen que tenías de ti mismo.

¿Me he explicado claramente? ¿Entiendes ahora lo que quiere decir la afirmación «tú eres lo que crees ser»? ¿Sabes que, sin importar lo que hayas sido hasta ahora, *puedes* ser cualquier cosa que desees ser?

UN CAMBIO IMPORTANTE

¿Cuánto tiempo tardarás en cambiar desde lo que ahora eres a lo que querrías ser? Esa es una buena pregunta, y la respuesta será interesante, e incluso inspiradora.

Tu transformación no será instantánea. Una vez que te hayas convencido de que puedes hacer lo que desees, empezarás a desarrollar la técnica, lo que no te ocupará mucho tiempo.

Si, por ejemplo, ansiabas ser escritor pero creías que no estabas hecho para tal cometido, podrías intentar escribir; sin embargo, el resultado de tu esfuerzo no sería bueno. Cualquier frase que redactases reflejaría tu falta de confianza en ti mismo. Si por el contrario desarrollases la conciencia de *ser* un buen escritor, advertirías una mejora en cada página terminada. Las ideas fluirían hacia ti, te harías consciente de las expresiones y encontrarías cada vez más fácil localizar las palabras justas para expresar tus pensamientos de modo interesante. El diccionario, la enciclopedia y otros libros de referencia serían amigos tuyos.

En un tiempo razonablemente corto recibirías la aceptación por parte de editoriales, revistas o periódicos ansiosos por publicar tus obras.

Supongamos que siempre has envidiado a quienes están en el mundo de los negocios. Nunca intentaste montar un negocio propio por temor; tenías miedo a carecer de la capacidad necesaria, miedo a fracasar. Pero imaginemos que has reeducado a tu mente creativa, de modo que ahora te ves a ti mismo como un hombre que podría levantar una empresa de éxito. ¿Qué sucedería? Tras decidir el tipo de negocio con el que más disfrutarías, darías los pasos necesarios para establecerlo. El éxito que alcanzarías dependería enteramente de la claridad de las imágenes mentales que tuvieras de ti mismo como hombre de negocios.

CUANTO MAYOR SEA LA IMPRESIÓN, TANTO MÁS GRANDE SERÁ EL ÉXITO. ¡He aquí una afirmación que nunca será lo bastante resaltada! Asegúrate de no estar meramente *deseando* el cambio que tienes en mente. Como habrás leído en tantos de mis libros, el deseo es negativo. Cuando deseas algo, es como una indicación de que no esperas obtenerlo: de otro modo no tendrías que desearlo.

El estado mental discutido en este capítulo es el de *saber* que eres un buen hombre de negocios, un excelente escritor, un gran músico o cualquier cosa que quieras ser.

En posteriores capítulos se te darán instrucciones detalladas para cambiar fácil y rápidamente, *mientras duermes*, el modo en que eres por el modo en que querrías ser. Aprenderás cómo hacer uso de tu mente creativa, y de las facultades de razonamiento de esta, para construir un *tú* nuevo y más grande, mientras tu mente consciente se halla ausente durante el sueño.

UNA ADVERTENCIA A LOS PADRES

Aquellos de vosotros con hijos pequeños, por favor, tened cuidado con todo lo que les decís. Tanto si lo sabéis como si no, estáis moldeando sus vidas, y sus futuros reflejarán lo que vosotros hacéis por ellos ahora, mientras son niños.

«Vas a pasar tu vida en prisión o acabarás en la cámara de gas», se le oyó decir a una madre a su hijo, que acababa de hacer una travesura. ¿Sería sorprendente que en el futuro se convirtiera en un delincuente? Se le había dado una reputación a la que tenía que responder, y las oportunidades de que así lo haga son numerosas.

Cuando los niños son muy pequeños, aceptan como un hecho toda palabra de sus progenitores. Si un padre le dice a su hijo: «¡Eres malo!», el niño lo cree, y por supuesto demuestra que esta afirmación es verdad.

Nunca le digas a un niño que es algo salvo lo que deseas que sea. Llamarle «malo», «imbécil», «vago», «tímido», o cualquier otro calificativo que deseas evitar, es realmente como plantar semillas en su mente creativa, que crecerán y madurarán.

—No puedo llamar bueno a mi niño cuando ha sido malo —exclamó indignada una madre airada.

No, no es necesario que le digas que ha sido bueno, pero hay modos de corregir a un niño sin llamarle malo. «Los niños buenos no hacen eso», podría decir el padre. Esto compara al niño con los buenos en lugar de con los malos.

—Con esa mente privilegiada que tienes, puedes convertirte con facilidad en un líder respetado, y no tener que trabajar duro toda tu vida —le aconsejó una madre inteligente a su hijo, inclinado a eludir sus estudios.

Cuando has trabajado duramente durante todo el día, es exasperante ver cómo se comportan mal tus hijos, y necesitas mucho autocontrol para no perder la calma. Pero ten en cuenta que el esfuerzo requerido para mantenerlos en la senda correcta no es nada comparado con el dolor de corazón que puedes sufrir si se convierten en delincuentes.

Tener hijos es la mayor bendición que Dios nos da, y también nuestra mayor responsabilidad. Cuando un niño viene al mundo, es como un poco de arcilla puesta en nuestras manos para moldearla como deseemos. Lo que ese niño será en veinte años depende enteramente de lo que pongamos en él mientras todavía es niño.

Algunos padres culpan al vecindario por los malos hábitos que sus hijos adquieren. Sin embargo, a menudo el problema no es el lugar donde viven.

Una familia que conozco se mudó a un barrio cuestionable. Esta familia tenía un hijo de doce años, un muchacho al que le habían enseñado a distinguir el bien del mal y que era bueno porque deseaba ser bueno. ¿Qué efecto tuvo el vecindario sobre este chico? Aunque mejor sería preguntar ¿qué efecto tuvo este chico sobre el vecindario? Organizó un club vecinal y animó a los chavales a interesarse en proyectos constructivos.

¡Recuerda! Es más fácil convertirse en una buena influencia que en una mala. Existen todas las razones del mundo para ser bueno, mientras que no hay ninguna para ser malo.

Saber qué decirles a sus hijos es solo parte de las obligaciones de los progenitores. También deben tener cuidado con lo que dicen en su presencia.

Un padre se quejaba porque sus hijos no le respetaban. Se descubrió que cuando su esposa se enfadaba con él, le llamaba «inútil», «perezoso», «vago», y todo ello tenía un gran efecto sobre los niños.

El lenguaje vil, la bebida excesiva, las riñas y disputas deberían ocultarse a los niños, o se reflejarán en su comportamiento.

Hacer que tu matrimonio sea un éxito es probar tu valía en la dirección de una de las mayores instituciones que existen sobre la faz de la Tierra.

La parte dedicada a los niños en este capítulo podría parecer una digresión del tema «tú eres lo que crees ser», pero no es así. Como antes expliqué, la mayoría de los temores, fobias, complejos e inhibiciones que una persona arrastra a lo largo de su vida fueron implantados en su mente cuando era niño.

Si los padres hicieran un esfuerzo por proteger a sus hijos de las influencias negativas, los adultos que se formarían serían sanos, ricos y sabios, porque se *verían* a sí mismos como tales.

¿Puedo hacer una sugerencia? Este capítulo es tan importante para todos los padres, así como para quienes esperan serlo, que estarías rindiendo un auténtico servicio si les prestaras este libro a quienes puedan beneficiarse de él. Muchos más podrán gozar de una vida más feliz y de mayor éxito como resultado de tu sensata generosidad.

Tú eres lo que crees ser. Ahora que entiendes el significado de esta afirmación, ¿qué piensas de ti mismo? ¿Te ves como un gran líder? ¿Como un hombre de negocios triunfador? ¿Como un empleado capaz y eficiente? ¿Como una buena esposa o un buen padre? ¿Te ves a ti mismo como autor?, ¿como pintor?, ¿como orador?, ¿como cantante?

¡Recuerda! No importa lo que pensaras de ti mismo antes de comenzar este capítulo, puedes modificar por entero la perspectiva de tu vida «cambiando tu mente» de una manera literal.

Vete a dormir todas las noches con pensamientos sobre lo que serás en el futuro.

No *desees* cambiar, sino *visualízate* a ti mismo cambiado.

¿Qué tal si releyeras este capítulo antes de comenzar con el siguiente? Graba a fuego en tu mente que *tú eres lo que crees ser*, y desde este momento en adelante tendrás una opinión de ti mismo extraordinariamente buena.

7

VALES EL DOBLE DE LO QUE CREES

Para muchas personas el título de este capítulo puede resultar malsonante.

En una reunión de ventas, se les dijo a los asistentes que eran el doble de buenos de lo que ellos creían.

Uno de los vendedores se tomó la afirmación en serio y decidió probarla. Tras estudiar su trabajo y el promedio de entrevistas que hacía, consideró el porcentaje de estas que acababan en venta y estimó la cuantía media de los pedidos que había estado facturando.

Su estudio reveló un hecho digno de atención: no conseguía pedidos grandes porque había sido tímido a la hora de abordar a quienes podían hacérselos.

Este hombre de negocios tomó una triple decisión:

1. Llamaría a quienes podían hacerle pedidos fuertes.

2. Haría más llamadas por día.
3. Mejoraría su capacidad profesional de modo que pudiese cerrar un porcentaje de ventas mayor.

¿Era este hombre el doble de bueno de lo que pensaba que era? Lo creas o no, al final del mes llegó a cerrar casi diez veces la cantidad de ventas que había estado logrando con anterioridad. ¡Piensa a cuánto ascendía esto! En lugar de *desear* una casa mejor, fue capaz de comprar una. En lugar de conducir un viejo coche destartalado, obtuvo uno más nuevo y costoso. Tanto él como su esposa van ahora mejor vestidos.

Cierta persona que había sobrepasado ligeramente su nivel de posibilidades se hallaba constantemente «en la cuerda floja» para lograr que sus ingresos y sus gastos se mantuviesen en equilibrio. Se le dijo que era el doble de bueno de lo que creía ser. Pensando en esta provocativa idea, comenzó a ver su situación bajo una nueva perspectiva.

«Otros hombres pueden vivir en casas mejores que la mía, y salen adelante. ¿Cómo lo hacen?», se preguntó a sí mismo. Los ingresos de este hombre eran suficientes para afrontar los gastos habituales, pero cuando surgía algún problema inesperado, como por ejemplo la enfermedad de algún miembro de la familia, su presupuesto se venía abajo.

Un estudio cuidadoso de sus circunstancias reveló dos modos de aumentar su salario. En primer lugar, podría intentar hacer un trabajo más eficiente para su compañía. En segundo lugar, podría tratar de encontrar otro trabajo a tiempo parcial. Decidió explorar ambas posibilidades.

Con un nuevo ánimo y el deseo de hacerlo mejor de lo que lo había hecho nunca, nuestro amigo pronto llamó la atención de su jefe y fue adecuadamente recompensado por ello. Se hizo agente de un buen producto, y aumentó en cuatrocientos dólares sus ingresos semanales, simplemente trabajando en sus ratos libres.

Este individuo, anteriormente en apuros, ahora no solo cubre sus necesidades y las de su familia sin esfuerzo, sino que además ahorra una pequeña suma cada mes para su seguridad futura.

Un comerciante de un pequeño pueblo apenas sacaba para vivir con su tienda de comestibles. Si no fuera porque obtenía los alimentos a precios de ganga, no hubiera podido ajustar sus cuentas. Día tras día, se sentaba junto a la estufa de su tienda, escuchando la radio, mientras aguardaba a que sus escasos clientes entraran.

A él también se le dijo que valía el doble de lo que creía. Eso le dio muchas ideas; contemplando su tienda, vio numerosas oportunidades de probar la veracidad de esa afirmación.

No había cambiado los escaparates durante meses. Las papeleras estaban llenas de moscas muertas. Hacía tanto tiempo que no limpiaba los cristales que eran una barrera para quienes intentaban atisbar por ellos.

Lo primero que hizo fue quitar la silla, gastada por tantas horas de uso. Lo siguiente fue poner el almacén al día. Limpió todas las latas y cajas, así como los estantes, y dejó los escaparates brillantes y relucientes, listos para exhibir en ellos un suministro fresco de mercancías.

Luego, utilizando una lista de todos los residentes en el vecindario inmediato, les envió un folleto semanal en el que les ofrecía ofertas especiales.

¿Era este hombre el doble de bueno de lo que creía ser?

¡Al menos seis veces mejor! No tardó mucho en tener que contratar a un ayudante para su floreciente negocio, y como ya tenía dependiente, podía ir a casa a comer.

¿QUÉ TAL SI DOBLASES TUS INGRESOS?

Salvo que ya te encuentres metido en grandes negocios, esta pregunta excitará tu interés. Naturalmente, la mayor parte de la gente estaría contenta con doblar sus ingresos. Muy bien, he aquí la fórmula mágica, en una sola frase: «supón que la afirmación 'tú vales el doble de lo que crees' es cierta, e intenta demostrarlo.

«Es más fácil de decir que de hacer», argumentarán muchos incrédulos. Y, desde luego, una expresión así supone la admisión definitiva de la falta de confianza en sí mismos y de su incapacidad para demostrar que valen el doble de lo que creen. Recordando lo que aprendimos en el capítulo anterior, «*tú eres lo que crees ser*», lo primero que hay que hacer es *verse* valiendo al menos el doble de lo que creemos.

No basta con el deseo de doblar nuestros ingresos. Eso no nos llevará a ninguna parte. En este momento podemos encontrarle una aplicación a la ley de causa y efecto: unos elevados ingresos no son una causa, son un efecto. Entonces, ¿cuál es la causa? Los ingresos altos son el resultado de *ideas*, ideas puestas en acción.

Así pues, ¡hablemos de ideas!

Las ideas son las bujías del éxito. Industrias, fortunas, incluso imperios, se han edificado sobre ideas. Todo lo que compras es la proyección de una de ellas. Ninguno de nosotros menospreciará el valor de unas buenas y constructivas ideas, pero curiosamente muy pocas personas tienen fe en el valor de las suyas propias.

«Si esa idea fuera buena, alguien habría pensado ya en ella»; oirás esta expresión a menudo; sin embargo, en muchos casos esa idea abandonada será la base de un notable éxito... para otra persona.

Permíteme que te dé unos pocos ejemplos que muestran el valor de las ideas simples; luego te diré cómo convertir tu mente en una verdadera fuente de ideas.

En una ciudad del este, un fabricante de quemadores de aceite puso un anuncio buscando un vendedor. Había un joven que quería el trabajo y que decidió no seguir el comportamiento del rebaño, que se limitaba a enviar su currículum. El trabajo era bueno, y este joven sabía que se recibirían una avalancha de solicitudes.

Antes de ir a la compañía, hizo una pequeña investigación, a fin de conocer algo sobre el área en la que intentaba entrar. Llamó a varias personas que tenían un quemador de la marca que esperaba vender y les preguntó por qué les gustaba. Luego telefoneó a otra gente que usaba un aparato similar fabricado por la competencia, y les preguntó lo mismo.

Tras esta breve investigación, puso la información recogida en forma de presentación. A continuación fue a la compañía y pidió hablar con el jefe de ventas, advirtiendo que creía poder darle información que le permitiría aumentar sus ventas. Naturalmente, una afirmación así suena como música para los oídos de cualquier jefe de ventas, de modo que fue invitado a pasar. El jefe de ventas se mostró tan complacido con el estudio presentado por el joven que lo envió al consejo de dirección, con la recomendación de que lo pusieran a prueba. La iniciativa de nuestro brillante joven le aseguró en la compañía un puesto mucho mejor que el anunciado.

Ese hombre tuvo una idea e hizo uso de ella.

En una ciudad del medio oeste, otro joven aspiraba a un puesto en una de las mejores agencias de publicidad. Escribir meramente una carta solicitándolo hubiera tenido pocas oportunidades de éxito, pues los ejecutivos reciben tantas cartas que, por regla general, les prestan poca atención. El joven encontró un modo de entrevistarse con uno de los jefes de la empresa que había seleccionado y se acercó a él con esta desacostumbrada afirmación:

—Sr. Osgood, creo que puedo ser de valor para su agencia. ¿Sería tan amable de dejarme una mesa y probarme durante una semana? Al final de ese tiempo puede decidir si quiere que continúe.

Se le concedió la prueba, lo hizo bien, siguió ascendiendo, y hoy en día es el vicepresidente de la compañía. Tuvo una idea e hizo uso de ella.

Un hombre abrió un negocio en un pequeño pueblo granjero, tan pequeño que si se hubiera limitado a él, apenas habría sacado para ir viviendo. He aquí el problema al que se enfrentaba este comerciante: le gustaba el ambiente de una comunidad pequeña, pero no podía ser feliz con un negocio pequeño. Le pidió una idea a su mente creativa, y la obtuvo.

Con su coche viajó a todas las pequeñas ciudades en un área de ciento treinta kilómetros alrededor de su comercio. Obtuvo los nombres y direcciones de todos los residentes de cada uno de los lugares que visitó.

Alrededor de su almacén dispuso un gran aparcamiento e instaló un pequeño parque de juegos para niños, plenamente equipado con columpios y otros modos de entretenimiento, que incluía un ayudante para cuidar de la seguridad de los pequeños.

Cada ocho días enviaba una tarjeta postal a todos los anotados en su lista, con la oferta especial de la semana.

¡Adivina lo que sucedió! Obtuvo ventas por más de tres millones de dólares anuales. Tuvo una idea y la usó.

Toda patente registrada en la Oficina de Patentes de los Estados Unidos es el resultado de una idea. ¿De dónde vinieron? Un gran porcentaje de ellas, de personas comunes, como tú y como yo.

Con respecto a las patentes, se dice a menudo que hay tantas que cada vez resulta más difícil concebir otras nuevas. Esto, desde luego, no es cierto. Cada patente abre oportunidades para un sinnúmero de otras nuevas.

Por ejemplo, un automóvil está hecho de miles de diferentes patentes, y los nuevos modelos incluyen muchas más; con la creación de la radio, un área enteramente nueva para la invención y el descubrimiento vio la luz; la televisión allanó el camino para cientos de nuevas patentes... Así que, cuando afrontamos los hechos, encontramos que las oportunidades de invención, en lugar de decrecer, se multiplican con suma rapidez.

Cada vez que algo va mal, te enfrentas a la oportunidad de inventar algo. Los primeros abrelatas eran artilugios que se insertaban en la parte superior de la lata y se movían arriba y abajo, dejando un borde en forma de dientes de sierra.

Mucha gente se cortaba un dedo al abrir una lata; pero no hacían nada al respecto, aparte de soltar algunos tacos.

Un hombre, sin embargo, en lugar de blasfemar al cortarse el dedo, se preguntó a sí mismo por qué no se podría inventar un abrelatas que dejase el borde liso. Parecía perfectamente posible, así que siguió adelante e inventó dicho abrelatas, que no solo evitó que otros se cortaran, sino que le hizo acumular una pequeña fortuna.

Las ideas pueden considerarse pensamientos cristalizados, o pensamientos que han tomado forma: unos cimientos sobre los que edificar.

En cualquier parte que miréis, encontraréis ideas que se han convertido en realidades. Todo negocio se construye sobre una idea. Los vestidos que usas, la casa en la que vives, el automóvil que conduces, todo ello surgió a partir de ideas.

Te puedes esforzar durante toda tu vida sin progresar demasiado, y de repente una sola idea puede elevarte desde la oscuridad hasta la luz del éxito y la felicidad.

No existe límite de edad para desarrollar ideas valiosas. Muchas personas de sesenta, setenta e incluso más años han perfeccionado ideas que les han permitido lograr más progreso en un tiempo limitado del que habían obtenido durante los años anteriores —en mi caso personal, mi mayor logro en la vida llegó cuando tenía más de cincuenta años—. De hecho, la edad es a menudo una ventaja. El conocimiento que adquirimos a lo largo de la vida *madura* la mente, de modo que podemos evaluar mejor nuestras ideas.

Sé que tú, que estás leyendo estas líneas, tienes en tu constitución mental todo lo necesario para ser capaz de forjar ideas que serán de valor para la humanidad y que, al mismo tiempo, cosecharán para ti hermosas recompensas.

A continuación te doy tres pasos que te enseñarán a condicionar tu mente creativa de modo que cree ideas a voluntad, que te servirán de guía en cualquier dirección en que desees viajar y que te ayudarán a probar, de modo concluyente, que eres al menos el doble de bueno de lo que creías ser.

Paso 1. Ya has aprendido que el modo de crear la *conciencia* de cualquier verdad es instruir a tu mente. El desarrollo de las ideas no es ninguna excepción. A fin de disfrutar de una mente fértil capaz de crear nuevas e importantes ideas, debes verte a ti mismo con dicho tipo de mente. Haz declaraciones positivas, como:

Mi mente está alerta y activa, y trae de forma continua a la conciencia un gran flujo de ideas constructivas y valiosas para la humanidad.

Cada vez que hagas algo de naturaleza creativa, inicia la acción con la frase citada. Advierte cómo fluyen las ideas. Tanto si estás escribiendo una carta como un artículo periodístico o un libro, al seguir esta rutina nunca se te acabarán las palabras ni la inspiración.

Un buen conversador es alguien que tiene la facultad de expresar sus ideas de una manera interesante. Cuando converses con otros, tendrás mayor facilidad para hablar si te repites a ti mismo esa misma afirmación, añadiendo quizá el siguiente pensamiento: «Y siempre me resultará sencillo expresar a otros mis ideas y pensamientos».

Paso 2. El propósito de este paso es crear en tu mente una *conciencia de idea*. Desarrolla una mente curiosa. Tal como sugerí en mi libro *¡Lo haré!*, siéntete felizmente descontento con el modo en que están las cosas. Adopta un estado mental de gratitud con lo que tienes, pero siempre alerta en cuanto a nuevas ideas sobre la manera en que podría mejorarse. Con este tipo de mente curiosa, siempre te estarás preguntando a ti mismo: «¿Qué puedo hacer para mejorar esto?».

Si eres empleado, estudia el trabajo que desempeñas. ¿Cómo puedes hacerlo mejor? ¿Y más rápido? Abordar tu trabajo con esta actitud hará que lo disfrutes mucho más. El tiempo pasará de forma más rápida y agradable, y debido a tu pensamiento constructivo, podrán llegarte ideas que recompensarán enormemente tu interés.

Paso 3. Una idea se convierte en algo tangible en el momento en que haces algo al respecto. Toda idea tiene su mayor intensidad en el momento de su concepción. Consérvala antes de que empiece a desvanecerse. Abre un fichero de ideas. Cada vez que te llegue una a la conciencia, escríbela, salvo que estés en condiciones de ponerte a trabajar en ella de inmediato. Anota todo lo que llegue a tu mente con respecto a dicha idea. Si es posible dibujarla y dominas el lápiz, haz un bosquejo de ella. Recuerda: cuantas más vueltas le des a la idea, más crecerá.

Revisa tus ideas con frecuencia para mantenerlas vivas en tu mente. Asimismo, si tuvieses ideas adicionales relacionadas con las que ya almacenas en tu fichero, ponlo al día, añadiendo nuevos pensamientos.

Al echar una mirada hacia atrás, al material que he estado escribiendo, me pregunto si no soy demasiado conservador cuando digo que eres el doble de bueno de lo que crees ser. Es fácil probar, para tu propia satisfacción, que vales muchas veces más que lo que piensas.

Un estampador de metal que trabajaba en una fábrica, se aburría realizando la misma actividad ocho horas al día. No pensaba que las ideas jugaran ningún papel en su trabajo.

Tras volverse consciente del hecho de que su mente podía crear nuevas ideas, comenzó, con ojos abiertos, a estudiar su labor. Al cortar pequeños objetos a partir de grandes planchas de metal, quedaban grandes cantidades de virutas de desperdicio, que se vendían a bajo precio la tonelada a otra empresa. Esta se dedicaba a fundirlas y hacer nuevas planchas.

El operario concibió un nuevo uso para las virutas. Le pasó la idea a su superior, que la aprovechó oportunamente. En un corto período de tiempo, el hombre que tuvo la idea fue ascendido a un puesto importante, con más del doble de sueldo que antes.

¡SÉ FELIZ!

Estas dos palabras están entre las más poderosas de nuestro lenguaje.

La melancolía crea una estructura mental que impide el flujo de pensamientos constructivos. Piensa en esos momentos en que te has sentido triste y melancólico. ¿Te hallabas inspirado para hacer grandes cosas? ¿Concebiste alguna idea que aumentase tu prosperidad? ¿Te sentías ambicioso hasta el punto de intentar nuevos desafíos? La respuesta a todas estas preguntas es, por supuesto, no.

Ahora piensa en los momentos en que te has sentido contento, cuando todas las fibras de tu ser centelleaban de gozo. ¿No tenías una agitación febril, una urgencia de ir a sitios y hacer cosas? Proyectos que bajo condiciones normales podrían parecer laboriosos de ejecutar, en esos momentos los considerabas terriblemente sencillos.

¡Sé feliz! Si tienes problemas —¿y quién no los tiene?—, alégrate al saber que con el conocimiento adquirido puedes dominarlos, en lugar de ser dominado por ellos.

«¿Cómo puedo ser feliz con todas las preocupaciones que tengo?», oímos decir a menudo. Dado que la melancolía no hace sino bloquear nuestra ruta hacia la libertad, ¿no deberíamos acaso usar toda nuestra astucia para hallar el modo de ser felices?

Lee los periódicos y verás cuántas historias hay sobre personas que serían muy felices de hallarse en la situación que tú disfrutas ahora. De esa manera entenderás lo favorables que son tus circunstancias. Entonces no será difícil dejar que la felicidad brille, de modo que puedas empezar a pensar en qué hacer para resolver tus problemas, en lugar de permitir que esos mismos problemas te derrumben.

En el siguiente capítulo aprenderás algo nuevo acerca del dinero. Asegúrate de haber captado plenamente todos los valiosos pensamientos contenidos en este. ¿No merecería la pena leerlo de nuevo antes de continuar?

8

EL DINERO: UN MITO

La palabra «moneda» se cree que procede del templo de Juno Moneta, ya que la casa donde se acuñaban las monedas en Roma se hallaba junto a él.

El dinero se suele describir como un *medio de intercambio*. Si un hombre intercambia su trabajo por dinero, y luego su dinero por alimento, lo que hace en realidad es intercambiar su trabajo por alimento. El dinero actúa de intermediario, un intermediario que se recibe solo para abandonarlo; el fin es el alimento.

El propósito de este capítulo es hacerte consciente de la *irrealidad del dinero*. Nos esforzamos mucho por conseguirlo, cuando lo que buscamos realmente es el resultado final —lo que se puede obtener con él: seguridad, alimentos, cobijo, abrigo, etc.

Consideramos el dinero como algo real. Cogemos un billete de un dólar y lo sostenemos en nuestras manos creyendo que tenemos algo sustancial. En realidad, en cuanto a su valor, el dinero es tan flexible como una goma elástica.

Supongamos que las manzanas se venden a un dólar el kilo. Tu dólar valdría por tanto un dólar en lo que respecta a las manzanas. Muy bien. Imagina que las manzanas suben de precio a dos dólares el kilo; en ese caso tu dólar valdría solo cincuenta centavos comparado con el precio de las manzanas. Este ejemplo se puede aplicar a la adquisición de cualquier cosa. El valor de tu dólar depende enteramente del valor que se le da a lo que compres.

En cuanto a que el dinero es un mito, consideremos el siguiente ejemplo: supongamos que hay diez personas en una habitación, que nadie posee dinero excepto una, y que esta tiene solamente un dólar. La llamaremos A. Muy bien, B tiene una navaja que desea vender a A por un dólar, y este se la compra. C tiene un libro que quiere B, por lo que se lo compra. Esto sigue así hasta que finalmente J es el poseedor del dólar, pero tampoco él lo conserva, ya que le compra algo a A por un dólar. En esta habitación han tenido lugar transacciones por valor de diez dólares, con solo un dólar en dinero.

Este mismo principio se da en el comercio. En los Estados Unidos, cada año cambian de mano muchos miles de millones de dólares, aunque en realidad existe una cantidad mucho menor de moneda física.

Por si no sabes cómo funciona el sistema monetario, aquí tienes una breve explicación: el dinero de los Estados Unidos está respaldado por oro. Para todo el dinero impreso o acuñado existe un equivalente en oro almacenado en las arcas gubernamentales. El valor que se le da al oro es cosa del hombre. No es algo decretado por la naturaleza. Si en el momento de escribir esto, el valor del oro es de treinta y cinco dólares por gramo, puede acuñarse moneda por valor de treinta y cinco dólares por cada gramo almacenado.

Supongamos, por ejemplo, que los que hacen las leyes en Washington le diesen un valor de cuarenta dólares al gramo de oro; entonces se podrían acuñar cinco dólares más de moneda por cada gramo almacenado.

Imaginemos que, de algún modo misterioso, las reservas de oro de los Estados Unidos desaparecieran, y que nadie lo supiera. Seguiríamos utilizando nuestro dinero con el mismo valor que ahora. Pero si se descubriera el robo, de repente nuestro dinero no valdría nada.

No es mi intención entrar en una discusión sobre economía: solamente quiero señalar la irrealidad del dinero. Si has seguido hasta aquí el razonamiento que he hecho, estarás de acuerdo conmigo en que el dinero es totalmente irreal, un simple medio de intercambio basado en una idea aceptada internacionalmente.

SOLO COMPRAMOS TRABAJO

Lo único que el dinero paga es el trabajo, aunque estoy seguro de que en este momento muchos de vosotros estaríais dispuestos a negarlo.

Considera un automóvil, por ejemplo. Puedes pensar en el metal, el plástico, la tela y el vidrio que intervienen en su fabricación: razonarás que todo esto cuesta dinero. El hecho, sin embargo, es que todas las materias primas contenidas en un vehículo fueron proporcionadas *sin costo alguno* por la naturaleza. El metal utilizado para hacer el chasis, el motor y muchos otros componentes se encontraban al principio dentro de la Madre Tierra, pero ella no le puso precio a la mina que lo contenía. Hubo un costo, eso sí, para compensar a los mineros que extrajeron el mineral y para proporcionarle beneficios a la compañía minera. Esto mismo se aplica al resto de los elementos que entran en la fabricación de un coche: el vidrio, el plástico, etc.

Al considerar los alimentos que compramos, estaremos de acuerdo en que lo que abonamos por el trigo, las patatas, etc., no se paga por los productos en sí mismos, sino por la labor que implica su cultivo, manipulación o transporte.

El precio de la casa en la que vives no cubre más que el trabajo: el trabajo de talar árboles y reducirlos a maderos, el trabajo de hacer cemento a partir de materiales arrancados de la tierra, el trabajo de construir la vivienda.

¿Entiendes ahora por qué he llegado a la conclusión de que lo único que podemos comprar con el dinero es el trabajo? Es más, ¿eres consciente de que el valor del trabajo no es estable? Cuando yo era niño, un trabajador no cobraba más de un dólar por día. Actualmente, el salario mínimo es de diez dólares por hora. Hace cincuenta años, si hubieses tenido mil dólares habrías podido comprarte una buena casa, y aún te habría sobrado dinero para el pago inicial de los muebles. Hoy en día, es arriesgado comprar una vivienda si no tienes al menos ciento cincuenta mil dólares a mano, e incluso con esta cantidad tendrías que tener sumo cuidado en el modo con que la manejas.

No te desanimes por los hechos que cuento, que parecen estar devaluando el dólar. Esta información te la doy con un propósito que entenderás cuando sigas leyendo. De hecho, lo que estás ahora aprendiendo te ayudará a conseguir más fácilmente lo que deseas en esta vida.

En los Estados Unidos, el dinero consiste en monedas de plata, monedas de níquel y cobre, y billetes asegurados por las normas legales. La necesidad de un medio de intercambio fue comprendida por los pueblos más antiguos, y el dinero ha tomado muchas y muy curiosas formas a lo largo de la historia: en la antigua Siracusa y en Bretaña, el estaño fue la moneda de cambio; Esparta utilizó el hierro; Roma y Alemania hicieron del ganado su medio de comercio; Cartago utilizó el cuero preparado de cierto modo; Rusia el platino; los clavos fueron la moneda de Escocia; la Virginia Colonial empleó el tabaco, y Massachusetts, las balas y las conchas; el cacao se utilizó en el México antiguo, y las conchas en la costa de África.

Conforme la civilización avanzó en todos los países, las monedas de oro y de plata así como el papel moneda se convirtieron en el medio corriente para las transacciones comerciales nacionales e internacionales. Los metales preciosos —oro y plata—, sin embargo, dejaron de usarse para la acuñación de monedas desde la crisis mundial de 1929.

¿Y LA PROPIEDAD?

La mayoría de nosotros tenemos una concepción equivocada acerca de la propiedad. Es natural que los individuos digan «poseo esto» o «poseo aquello», pero en realidad *ninguno de nosotros es dueño de nada*.

Podrías comprar una casa y proclamar orgullosamente: «Poseo esta casa». No obstante, será tuya mientras pagues los impuestos y la hipoteca. Deja de pagarlos, y te la quitarán.

Ese coche que conduces puedes haberlo acabado de pagar, pero ¿es de tu propiedad? Lo podrás utilizar mientras pagues los impuestos.

Nada de lo que consideras tus posesiones será permanentemente tuyo.

Los terrenos que rodean mi casa conforman un bello paisaje. ¿Son míos? Lo son, mientras gaste dinero en el jardinero y el agua, sin los cuales pronto se convertirían en un terreno yermo.

Tu armario puede ser de lo más completo, pero la ropa se desgasta continuamente y pasa de moda.

Los maderos de tu vivienda se ven afectados por el clima o destruidos por las termitas. Sin una reparación y renovación constantes, tu casa se desintegraría, convirtiéndose en una masa sin valor. Si vives en un edificio de ladrillos, estos también dejan notar el paso del tiempo.

En esta vida no poseemos nada. Tan solo podemos disfrutar del uso de los diversos artículos mientras paguemos nuestros impuestos y los cuidemos.

¿Qué es lo que hemos aprendido hasta ahora, y de qué nos ha de servir este conocimiento? ¡De mucho!

Hemos aprendido que el dinero no compra sino trabajo, y que la cantidad de trabajo que nuestros dólares pueden comprar depende del valor que se le dé a ese trabajo.

Hemos aprendido asimismo que en esta vida no poseemos nada, sino que meramente tenemos el uso de objetos materiales. De hecho, no poseemos ni nuestros propios cuerpos. Son algo prestado, y el tiempo que los mantengamos dependerá del cuidado que les procuremos.

Hace unos años, di una charla sobre el tema de este capítulo: «El dinero: un mito». Varios meses más tarde recibí una inspiradora carta de uno de mis oyentes. He aquí lo que decía:

Apreciado Ben Sweetland:

La charla que dio respecto al dinero fue el punto de inflexión de mi vida.

Mi negocio se hallaba en una situación precaria; las facturas excedían con mucho a los ingresos. Todo hacía presagiar que el juzgado pronto llamaría a mi puerta.

«Dinero, dinero, dinero», era en lo único que pensaba. Pensé tanto en él y en mi incapacidad para obtenerlo que me quedé casi paralizado mentalmente. Mi mente se bloqueó para todo pensamiento sensato.

Sin embargo, tras escuchar su razonable charla, mi negocio cobró una perspectiva enteramente diferente para mí. «No es dinero lo que necesito. Lo que necesito son transacciones para apaciguar a mis acreedores», razoné.

Antes de mi despertar, consideraba a mis acreedores demonios de sonrisa sarcástica, con los brazos extendidos, listos para estrujarme.

Pasé a verlos como amigos, pues ¿acaso no me habían fiado?, y como amigos que eran, sabía que seguirían siéndolo.

Los telefoneé a todos, y de la manera más amistosa les agradecí su extremada paciencia y les dije que había despertado finalmente a la causa real de mis problemas, y que pronto saldría del atolladero y cumpliría plenamente mis obligaciones.

Ninguno de mis acreedores dejó de cooperar. Esto me liberó y me hizo sentirme feliz. No pasó mucho tiempo antes de que pudiera

satisfacer a todos aquellos a quienes debía y de que pudiera gozar
de un negocio en expansión.
Muchas gracias por despertarme.

Tan pronto como comprendamos que el dinero es solamente el medio para un fin, y no el fin mismo, un sistema establecido como algo conveniente para el comercio, nos resultará más sencillo adquirir una perspectiva más amplia de las numerosas facetas de la vida.

La gente, en realidad, no trabaja por los papeles impresos por el gobierno (dinero) que recibe en su paga. Trabaja por alimentos, ropa y cobijo. El dinero proporciona un medio de evaluar los objetos y servicios que se adquieren.

¿QUÉ ES LO QUE QUIERES CONSEGUIR?

¿Piensas en términos de ahorrar dólares? ¿Estás haciendo planes para una casa más bella, una mejor enseñanza para tus hijos, la posibilidad de viajar cuando y adonde desees, la seguridad futura?

Mantenerte centrado en lo que deseas pondrá las fuerzas de tu mente creativa a funcionar *guiándote* en pensamiento y acción, de modo que alcances tus objetivos.

He aquí un extraño fenómeno en lo que concierne a la consecución de los objetivos: cuando tu meta solo es el dinero, hay tantos modos diferentes de obtenerlo que te sentirás confundido con respecto al camino a escoger. Pero si te entusiasmas con una casa, una casa que te haga feliz, tu mente creativa, con las facultades razonadoras que posee, te mostrará el camino que te permitirá obtener todo lo necesario para asegurarte dicha vivienda.

Conseguir algo es una de las más elevadas satisfacciones de la vida. Pensamos en los grandes hombres y en las grandes mujeres no por el dinero que han acumulado, sino por sus logros.

Aun siendo Henry J. Kaiser un hombre riquísimo, se piensa en él como en la persona que hizo milagros en la construcción de barcos, el individuo que creó un imperio de industrias, cada una de ellas considerada un gran logro.

No pensamos en Henry Ford en términos de riqueza. Le conocemos como el hombre que proporcionó al mundo un medio de transporte a bajo costo.

Charles Lindbergh poseía una considerable fortuna; sin embargo, ¿qué significa su nombre para ti? Pensarás en él como el pionero de la aviación transatlántica.

F. W. Woolworth amasó una fortuna, pero ese hecho nunca se ha quedado impreso en la conciencia pública. La mención de su nombre trae a la mente una cadena internacional de grandes almacenes.

Luther Burbank ganó el reconocimiento mundial por sus trabajos sobre hibridación de plantas. Pensamos en él en conexión con sus nuevas variedades de ciruelas, granos y lirios, pero no con el dinero que consiguió produciéndolas.

Cuando solo era un niño, Bert Ross decidió que se haría rico. Su frugalidad durante su adolescencia y juventud le permitió contraer matrimonio con casi tres mil dólares ahorrados. Tras casarse, ahorró todo lo que pudo de su paga, pero como su familia aumentaba e hizo unas inversiones desacertadas, sus ahorros originales no crecieron demasiado aprisa. De hecho, hubo momentos en que su saldo en el banco mostraba una cantidad inferior a la que tenía cuando se convirtió en cabeza de familia.

Un día Bert escuchó una conferencia sobre la irrealidad del dinero; de hecho, con los mismos pensamientos que están contenidos en este capítulo.

Lo primero que decidió fue hacerse con una cómoda casa en las afueras, con terreno suficiente para que sus hijos se divirtieran, en lugar de vivir apretados en un apartamento de la ciudad. La familia Ross vive ahora en un lugar así. Desde el día en que concibió la idea hasta el día en que se mudó a su nuevo hogar, fue guiado en cada uno de los pasos que dio.

Gracias a este mismo proceso de pensamiento, Bert logró todo lo necesario para su bello hogar, incluidos un hermoso vestuario para su familia y para sí mismo y un automóvil nuevo último modelo. Un verano llevó a su familia a Hawai, y ahora está haciendo planes para realizar una gira por Europa.

¿Es este caso una excepción? ¿Puede decirse que sea de los de «uno entre un millón»? ¡No! No sería posible poner suficientes páginas en este libro para relatar las historias de éxito de quienes piensan en términos de acciones, no de dinero.

Otra historia que quisiera relatar se refiere a Will Erwin, que habita en una gran ciudad del medio oeste.

Will fue a Chicago para entrevistarse con el presidente de una gran compañía que estaba concediendo licencias territoriales de venta. El hombre deseaba la licencia como nadie. De hecho, se volvió tan entusiasta al respecto que no podía imaginarse haciendo otra cosa que no fuera promocionar el producto del que se concedía la licencia.

—Ahora bien, señor Erwin, esta licencia requerirá una inversión inicial de veinte mil dólares. ¿Está usted en condiciones de aportar este dinero?

Will se vació los bolsillos y sacó menos de veinte dólares entre monedas y billetes.

—Esto es todo lo que me separa del albergue para indigentes —exclamó, sin mostrar autocompasión alguna—. De hecho, incluso he pedido prestado el dinero para venir hasta Chicago. Pero guárdeme la concesión —imploró ardientemente—. Conseguiré el dinero en dos semanas.

Will Erwin mantuvo su palabra. Un día antes de que se cumplieran las dos semanas envió por correo un cheque de veinte mil dólares por la licencia.

Durante los días posteriores a su entrevista con el presidente de la compañía, la mente de Will no estaba en los veinte mil dólares. Estaba en la licencia. Y comenzó a fluir con ideas constructivas respecto a cómo obtenerla.

Hay otro punto respecto a esta historia que desearía subrayar. Recordarás que dije que Erwin se había *entusiasmado* con la idea de la licencia.

—Concibo el entusiasmo como un *pensamiento radiante*. Cuando estamos entusiasmados, no tenemos necesidad de forzarnos a hacer cosas. Realizamos toda suerte de proyectos, grandes o pequeños, porque *queremos* hacerlo. Hay un impulso interior que nos anima a medida que vemos nuestras ideas convirtiéndose en realidad. No abandones tu búsqueda de dinero, pero hazlo en conexión con tus objetivos. Tu progreso será mayor, y te divertirás mucho más al ir logrando todas tus metas.

9

LAS RIQUEZAS: UNA CUESTIÓN DE CONCIENCIA

¡Qué maravilloso es ser rico! Esta es una cuestión en la que tal vez no hayas pensado nunca. Es cierto que mucha gente querría ser rica, pero si le preguntases a una serie de personas cómo de estupendo es ser rico, obtendrías una gran variedad de respuestas.

Puedo recordar la época en que me habría sentido rico si hubiera tenido mil dólares. Un día, en Nueva York, estaba comiendo con un conocido inversionista de Wall Street. Su riqueza fluctuaba constantemente entre uno o dos millones y varios millones de dólares. Durante nuestra conversación, y con una expresión bastante seria, comentó:

—Debo esforzarme un poco; mi contable me ha informado que he bajado a un millón.

¿Ves? La riqueza es relativa. Lo que un hombre considera riqueza, a otro puede parecerle una limosna.

Dudo que un hombre que considere mil dólares, o incluso cinco mil dólares como riqueza, pueda imaginarse a sí mismo como millonario. Sí, podría envidiar a un millonario y pensar en lo maravilloso que sería tener un millón de dólares, pero nunca podrá verse *a sí mismo* como propietario de una suma semejante de dinero.

Por otra parte, un hombre con conciencia millonaria no podría considerar mil dólares más que calderilla para llevar en el bolsillo. Si las riquezas son cuestión de conciencia, ¿cómo se adquiere una conciencia de rico? Esta es la gran cuestión, y la respuesta a ella no es demasiado fácil de entender.

Aquellos de vosotros que tenéis poco o ningún dinero, permitidme que os haga esta pregunta: ¿os resultaría difícil imaginaros con mil dólares? ¡No! Podríais pensar inmediatamente en muchos modos de acumular dicha cantidad. Muy bien, ahora una pregunta para quienes están acostumbrados a manejar un millón de dólares: ¿Os sería muy difícil imaginaros consiguiendo un millón de dólares más de lo que ahora poseéis? ¡En absoluto! Vuestros poderes de razonamiento concebirían rápidamente diversos modos de añadir dicha suma a vuestra fortuna presente.

Estas preguntas, así como sus respuestas, nos dan la clave del primer interrogante: ¿Cómo se adquiere una conciencia de rico? *Es cuestión de llegar al punto en que puedas verte a ti mismo poseyendo un millón de dólares o más.* Ten presente que esto no significa *desear* un millón; significa *verte* a ti mismo realmente como millonario.

Si estuvieras flaco y enfermizo, sería imposible que te *vieras* combatiendo con éxito contra un hombre fornido, ¿verdad? Tendrías que entrenarte y prepararte para ello.

Lo mismo ocurre con la conciencia de rico. Si te has estado viendo a ti mismo en circunstancias difíciles, tendrías realmente que entrenarte hasta alcanzar el punto en el que *supieras*, sin duda alguna, que puedes ser rico.

Hacer esto será tan simple como tú lo desees —o tan difícil como a ti te parezca.

Permíteme repetir un lema dado al comienzo de este libro:

Un hombre puede arrastrarse durante años sin mostrar signo alguno de éxito, cuando en algún momento... inesperadamente... un pensamiento poderoso se introduce en su mente —y nace un líder.

Un hombre que conozco amasó una fortuna sin abandonar su silla de ruedas en ningún momento. ¿Lo hizo considerándose un pobre desgraciado carente de medios? ¡No! Introdujo en su conciencia el poderoso pensamiento de que la mente, no el cuerpo, es lo importante para ganar dinero, y que su mente era saludable y estaba intacta. Determinó convertirse en un hombre rico, y así lo hizo.

No creo que exista una fuerza motivadora mayor que la de tener un gran deseo por algo que no se posee. Si ves algo en el escaparate de una tienda, o en un diario o una revista, que desees ardientemente; si eres capaz de verte a ti mismo disfrutando realmente de ello, pronto encontrarás que tu imaginación constructiva desarrolla modos y medios de obtenerlo.

UNA ETIQUETA DE PRECIOS INVISIBLE

¿Cuánto vales? ¿Doscientos dólares a la semana?, ¿Trescientos?, ¿Cuatrocientos? Tanto si lo sabes como si no, cada uno de nosotros lleva una etiqueta de precios invisible. El hombre que gana doscientos dólares a la semana no se ve a sí mismo valiendo más de esa cifra. Sí, puede desear más; pero su visión interna lo ve como un hombre de doscientos dólares a la semana. Lo mismo ocurre con el que ingresa cuatrocientos. Se ve a sí mismo como alguien que vale esa cantidad.

Permíteme que te cuente la historia de una interesante experiencia que tuve al comienzo de mi vida, y que resultó ser una gran lección para mí.

Había aprendido los primeros rudimentos de publicidad en una escuela por correspondencia y conseguido un trabajo en el campo publicitario en Nueva York. Me pagaban un salario de veinticinco dólares a la semana.

Por aquel tiempo tenía un vecino que era jefe de departamento en una empresa de ventas por correspondencia y que ganaba lo que a mí me parecía la fabulosa cifra de cuarenta y dos dólares a la semana. Le envidiaba más de lo que me gustaba admitir.

Un día leí en una revista de anuncios que buscaban cierto tipo de publicista. Creí cumplir los requisitos, y respondí.

No pasó mucho tiempo antes de que recibiese una carta en la que me invitaba a una entrevista. Ello me produjo un gran entusiasmo, pues creí que aquella podía ser la oportunidad de lograr unos ingresos comparables a los de mi vecino.

Visité al jefe de la compañía que había puesto el anuncio, y durante más de una hora me estuvo haciendo preguntas para cerciorarse de mi capacidad para el puesto.

—Bueno, todo parece satisfactorio –dijo cálidamente el ejecutivo–. Ahora bien, ¿qué hay del salario?

—Querría comenzar con cuarenta dólares a la semana –dije con algo de timidez.

Nunca vi a un hombre reírse de más buena gana que aquel.

—Pero bueno, tendrás compañeros por debajo de ti que ganan veinticinco mil dólares al año –comentó tras calmarse. Y a continuación hizo una afirmación que realmente me conmocionó–. Bien, supongo que tú sabrás lo que vales. –Y se levantó, dando por finalizada la entrevista.

Sin darme cuenta, llevaba una etiqueta de precios invisible; me había estado viendo a mí mismo con un valor de entre veinticinco y cuarenta dólares a la semana. Cuando cambié la cifra en esa etiqueta de precios invisible, empecé a ascender.

Por favor, no me malinterpretes. No trato de decir que un hombre que solo vale trescientos dólares a la semana debería estar ganando seiscientos o más. Eso sería absurdo.

Si alguien no está satisfecho con su salario presente, y puede visualizarse a sí mismo consiguiendo el doble o triple de lo que obtiene en este momento, desarrollará un impulso de mejora, que le hará rendir dos o tres veces más.

Bob Reed había estado ganando setenta y cinco dólares a la semana, lo suficiente para vivir y mantener a su familia. Un domingo él y su esposa fueron invitados a pasar el día en la barca motora de un amigo suyo. Lo pasaron tan bien que Bob, mientras conducía de vuelta hacia su casa, le dijo a su esposa:

—Cariño, ¿no sería grandioso poseer una barca como esa?

Ella estuvo de acuerdo en que lo sería.

Poco más dijo Bob al respecto en aquel momento, pero cuando llegó a casa cogió lápiz y papel y empezó a hacer números. «¿Cuánto más tendría que ganar para poder permitirme una barca como esa?», se preguntó a sí mismo. Decidió que necesitaría al menos veinticinco dólares más cada semana.

Tan fuerte fue su impulso por obtener la motora, que puso sus fuerzas mentales constructivas a trabajar para que le guiaran hacia la forma de aumentar sus ingresos. Bob no se detuvo en los cien dólares semanales que creyó necesarios, sino que siguió adelante. Continuó aumentando la cifra de su etiqueta de precios invisible, y ahora no solo disfruta de una buena barca motora, sino que se ha mudado con su familia a una casa más grande.

Suelo tener a menudo el placer de dirigirme a grupos de ventas. Siempre les proporciono pensamientos destinados a motivar a los vendedores hacia una mayor productividad.

Dediqué una de esas charlas a la etiqueta de precios invisible que todos llevamos. Al terminar, le pedí a cada uno de aquellos hombres que me prometieran que de entonces en adelante portarían una etiqueta de precios invisible con una cifra al menos el doble que la que habían estado llevando. Les dije que no solo debían mantener esa cifra aumentada, sino hacer planes por medio de los cuales elevarían su nivel de vida hasta llegar a esa cifra, tanto si ello significaba una barca como un nuevo coche o un nuevo hogar.

El jefe de ventas me informó posteriormente que se había producido un gran aumento en los negocios cerrados por casi todos sus hombres.

Un vendedor, tras mi charla, hizo el siguiente comentario:

—Ah, yo no entro en esos juegos mentales conmigo mismo.

Seguro que lo has adivinado: resultó ser uno de los pocos que no incrementaron sus ventas. Me pregunto con quién estaría jugando.

Abraham Lincoln dijo: «Dios debe de amar a los pobres, pues hizo muchos».

Dado que estamos comenzando a aprender que las riquezas son una cuestión de conciencia, debemos concluir que una gran mayoría de personas son pobres debido a sus mentes negativas y no considerar que vienen de Dios, porque, al nacer, las mentes no son ni negativas ni positivas. Como indiqué en un capítulo anterior, los temores, fobias, complejos e inhibiciones que arrastramos a lo largo de la vida fueron instalados en nuestras mentes mientras éramos niños.

Invariablemente, el hombre que tiene una etiqueta de precios baja es siempre el que hace comentarios como: «El dinero no cae del cielo», «Papá no es rico, tiene que trabajar duro por cada dólar que gana», etc. Este chico crece con un cuadro mental de sí mismo, y como consecuencia de ello se ve forzado a esforzarse para sobrevivir. Simplemente *espera* salir adelante.

Estas imágenes mentales permanecerán con él a lo largo de toda su vida, *salvo que haga lo necesario para cambiarlas.*

«Si es tan sencillo hacerse rico, ¿por qué no todo el mundo lo es?», se me pregunta a menudo. Y parece una pregunta sensata. La respuesta es que muy pocas personas se dan cuenta de lo fácil que es hacerse rico. Sea consciente o subconscientemente, creen que enriquecerse requiere años de extremo trabajo. Decirles a esa gente que todo lo que tiene uno que hacer para cambiar su situación es cambiar sus pensamientos, es como una invitación al escepticismo.

Hay una historia que explica la diferencia entre un pensamiento positivo y uno negativo. Disfrutarás con ella, estoy seguro.

Henry era un hombre fuerte, de excelente salud, pero nunca había tenido éxito en la vida. Siempre había envidiado a quienes disponían de medios económicos, pero nunca pudo verse a sí mismo con esa bendición.

John, por el contrario, era un hombre rico, pero nunca había disfrutado de una buena salud. A menudo tenía que ir al médico por una dolencia u otra. Siempre había envidiado a los hombres robustos como Henry, y con frecuencia aseguraba que daría gustoso su riqueza por lograr una buena salud.

Llegó al pueblo un cirujano de fama mundial, que afirmaba poder intercambiar quirúrgicamente los cerebros de dos personas, es decir, extirpar el cerebro de un hombre e insertarlo en el cráneo de otro, y viceversa.

John y Henry decidieron intercambiar sus cerebros. Esto significaba que Henry canjearía su cuerpo sano por la riqueza de John y su cuerpo enfermizo.

La operación tuvo lugar, y durante un tiempo pareció ser un éxito, pero esto es lo que sucedió posteriormente: John, que ahora era un hombre pobre, se había acostumbrado tanto a pensar en términos de riqueza que en poco tiempo había acumulado otra vez una fortuna. Sin embargo, al mismo tiempo, como en el pasado, comenzó a pensar en todos los dolores y molestias que antaño tenía, y no pasó mucho tiempo antes de que empezara a sufrir otra vez dolores y molestias, pero ahora en su nuevo cuerpo.

Henry, que ahora era rico, siempre se había considerado un hombre pobre. A través de necias inversiones y estúpidos derroches, pronto disipó la fortuna que había logrado con el intercambio de cerebros. Pero, por otro lado, nunca consideró que su cuerpo era enfermizo, así que como nunca se dedicaba a incubar dolencias físicas, su organismo pronto se volvió tan fuerte y vigoroso como el que había intercambiado con el hombre rico.

Con el tiempo, ambos volvieron a su condición original. El antiguo rico volvió a ser rico. El antiguo pobre volvió a la pobreza.

Al intentar entender que se necesita conciencia de rico para hacerse rico, no asocies este proceso con ningún tipo de prestidigitación. El mero hecho de que te consideres millonario no hará que esta bendición te llegue por arte de magia. Como antes aprendiste, tu mente creativa te guiará a tener los pensamientos y a realizar las acciones que te traerán el éxito y la riqueza.

¡LOGRA UNA CONCIENCIA DE RIQUEZA!

«¿Cómo conseguiré una conciencia de riqueza?», preguntarán muchos.

Hay un proverbio muy antiguo que quisiera citar aquí:

Busca a tus amigos entre la gente activa, pues los vagos y perezosos te chuparán la energía.

¿Te has dado cuenta alguna vez de que cuando pasas una o dos horas con una persona de éxito —alguien con empuje, que actúa—, te hace sentir con ganas de comerte el mundo? Por otro lado, ¿te has fijado en que cuando pasas una o dos horas con un «nunca lo hago bien» te deja con una actitud de desgana y hastío?

Hasta que hayas conocido varias personas valiosas, es mejor que emplees tu tiempo en leer libros útiles, en lugar de gastarlo con aquellos que «te chuparán la energía».

Dedícate a hacer aquello que contribuyan a tu éxito.

Un hombre empezó por comprar una casa vieja, que necesitaba urgentemente reparaciones. La adquirió por capricho, y trabajando en sus ratos libres logró ponerla en condiciones de ser habitada. Tras conseguir un inquilino, que aumentó sus ingresos, buscó otra casa vieja. Encontró una e hizo lo mismo que antes. En un tiempo relativamente corto los beneficios que obtuvo habían crecido hasta un punto en el que le era ya posible expandir su negocio. Gracias a sus inmuebles pudo pedir un crédito suficiente para construir un gran motel, y más tarde otro. Su capital actual se calcula en una cifra cercana a los treinta millones de dólares. Y cuando empezó a adquirir su conciencia de riqueza, era un asalariado.

Hay un par de palabras que quisiera discutir, palabras que guardan una relación definida con la conciencia de la riqueza, y con su opuesto, la conciencia del fracaso y el pesimismo.

Una de estas palabras es «fe». Muchos nos dicen que el éxito en la vida es una cuestión de fe y pensamos a menudo en el fracasado como en un hombre de poca fe. Esto no es verdad. El fracasado tiene tanta fe como el hombre de éxito, si no más.

La otra palabra es «imaginación». Cientos de libros de autoayuda están basados en ella. «Uno ha de imaginarse a sí mismo como un hombre de éxito», escriben sus autores. «Pero yo no tengo imaginación», gemirán los fracasados.

Todo individuo es capaz de utilizar la imaginación, ya que esta no es más que la capacidad de ver algo que no existe ahora mismo. Una persona que posea una imaginación *constructiva* lo percibirá tal como *quisiera* que fueran. Otra con imaginación *negativa*, tal como *teme* que serán.

Creo que una de las razones por las cuales tanta gente tiene problemas para elevar su visión por encima de las circunstancias presentes es que el contraste entre lo que tienen y lo que quisieran tener parece demasiado grande. Por ejemplo, si un hombre no posee más de mil dólares, la distancia entre mil y diez mil se encuentra más allá de su imaginación. Supongamos que tuvieras un centavo. ¿Sería difícil doblarlo y tener dos centavos? ¡Seguro que no! ¿Y qué me dices de doblar tus dos centavos y tener cuatro? No sería complicado doblar tu dinero muchas veces, ¿verdad?

Sin duda habrás oído la historia del muchacho al que se le ofreció un trabajo con un salario inicial de un solo centavo el primer mes, pero con la condición de que esta cifra sería doblada mensualmente durante un período de tres años. El chico rehusó, como mucha gente habría hecho. Sin embargo, debería habérselo pensado dos veces. Comienza con el número uno y dóblalo; luego sigue doblando la suma hasta treinta y seis veces: uno, dos, cuatro, ocho, dieciséis, treinta y dos, etc. Cuando llegues al final descubrirás que si el muchacho hubiera seguido en el trabajo durante tres años, el último mes habría ganado 1.372.796.089,60 dólares. ¿Te das cuenta de cómo un centavo puede crecer hasta alcanzar una cifra fabulosa en un tiempo muy corto?

En todos los ejemplos que te he proporcionado, quizá adviertas una similitud que continuará a lo largo de este libro. Hubiera sido fácil condensarlo todo en solo una o dos páginas; en ese espacio podría haberte dado los principios básicos para el desarrollo de tu salud, tu riqueza y tu felicidad, pero me temo que en ese caso solo un pequeño porcentaje de lectores obtendría el beneficio que deseo para todos ellos.

A lo largo del libro te doy principios y sus aplicaciones. Un principio explicado de un modo hará «sonar la campana» para algunas personas; otras lo pasarán por alto sin captar toda su importancia. Es por eso por lo que creo que abordando los principios desde muchos ángulos, llegarán a la mayor parte de mis lectores —a todos, espero.

¿ERES AFICIONADO A LOS CONCURSOS?

¿Sigues los deslumbrantes concursos de la televisión? ¿Te quemas las pestañas tratando de resolver los acertijos de las revistas, para encontrarte luego con una desilusión cuando se publica la lista de los ganadores? Quizá pusiste los ojos en el primer premio de veinte mil dólares, o en el viaje a Hawai con todos los gastos pagados.

Si lees este libro a conciencia, no tendrás que ganar ningún concurso. Podrás ascender a cualquier altura de que sea capaz tu imaginación. Podrás tener esos veinte mil dólares con muchos, muchos miles añadidos. Podrás hacer ese viaje a Hawai, o a cualquier lugar que tu corazón desee. Estas recompensas pueden ser reales —no solo una oportunidad entre un millón.

Así pues, comienza ahora mismo por hacer realidad tus deseos del pasado. Puedes verte a ti mismo en una casa más grande y mejor, elegantemente amueblada y con piscina propia. Puedes tener los mejores automóviles, enviar a tus hijos a los mejores colegios. Puedes hacer realmente de cada día de tu vida una experiencia gozosa.

¡Muy bien! Ya tienes luz verde. Disponte... ¡Y EN MARCHA!

10

UN ESTUDIO DE
LOS CONTRASTES

«¡Chico! ¡Qué alegría llegar a una carretera de verdad!», exclamó un conductor mientras dejaba un accidentado desvío. Tras volver a la autopista, se hallaba realmente en posición de apreciarla. Si solo tuviéramos buenas carreteras, no disfrutaríamos tanto de ellas como cuando encontramos un tramo de carretera en mal estado.

Esta vida está hecha de contrastes, y son una bendición: si no existieran, qué vida tan anodina viviríamos.

¿Qué tal si tuviésemos siempre un tiempo tranquilo y caluroso? No disfrutarías de él porque no habría contraste; no conocerías ningún otro tipo de clima. Pero tras un invierno frío y tormentoso, ¿no te sientes bien cuando llegan los deliciosos días de la primavera?

¿Apreciarías la luz si nunca hubiera oscuridad? No conocerías nada diferente.

Cuando ves niños que se comportan mal, ¿no piensas más en los tuyos, que se comportan bien? He aquí otro contraste: malo y bueno.

Si tienes un dolor tremendo, ¿no te sientes increíblemente bien cuando se va? Aprecias el valor de sentirte bien solo en contraste con el dolor.

Cuando estás sometido a sonidos discordantes y ruidos chillones, ¿no te parece el ambiente de lo más agradable y tranquilo cuando cesan?

Hay muchos, muchos otros contrastes: el hambre frente a la buena alimentación, los entornos agradables frente a los desagradables, la felicidad frente a la infelicidad, la riqueza frente a la pobreza, etc.

Un día comí con un hombre que era miembro de una familia muy rica. Durante nuestra conversación le conté algunas de las dificultades que había experimentado al principio de mi vida; incluso hubo un momento en que pasé hambre durante varios días por falta de dinero con que comprar alimentos. Le hablé de los días en que me despertaba por las mañanas sin saber dónde dormiría la noche siguiente.

—Le envidio –me comentó–. Yo nunca he conocido lo que es vivir en una casa sin sirvientes. Siempre hemos tenido entre cuatro y seis coches. Poseo un gran vestuario. He viajado por casi todo el mundo. A pesar de ello, envidio sus años de pobreza porque podrá apreciar plenamente lo que ahora posee.

Este hombre era sincero. Dijo lo que pensaba. En otras palabras, no goza de lo que tiene porque no conoce otra cosa.

Tan pronto como deja de haber contrastes en tu vida, tu existencia se vuelve aburrida.

EVITA PERDER LOS CONTRASTES

El propósito de estas palabras es permitirte desplegar tu patrón de vida, de modo que no llegues al aburrimiento y pierdas así tu felicidad tan bien ganada.

Por ejemplo, supongamos que has pasado toda tu existencia en una situación muy modesta pero que, siguiendo los principios bosquejados en este libro, acumulas una fortuna que te permitirá vivir con lujo el resto de tu vida. Si no hicieses más que acumular dicha fortuna, pronto todo carecería de significado para ti. No habría contrastes. Si en lugar de ello establecieses un largo programa, paso a paso, que se extendiera durante muchos años, podrías asegurarte una satisfacción continua, mientras vas obteniendo tus logros programados.

Tu primer paso podría ser poner en orden tu situación económica, bien sea ajustando tus gastos de acuerdo con tus ingresos, bien sea aumentando tus ingresos para poder afrontar tus gastos adecuadamente.

El siguiente paso podría lógicamente ser establecer un programa de inversiones, de modo que pudieses crear un fondo de ahorros para asegurarte el futuro. Entonces podrías empezar a acumular dinero, y conseguir la casa en la que podrías ser feliz con tu familia, el mobiliario apropiado y automóviles con los que satisfacer las exigencias familiares.

Cuando hubieses logrado estos objetivos, tendrías que buscar otros nuevos. Una vez alcanzando el punto en que te consideras rico, no cometas el error de retirarte. Yo lo hice una vez durante un corto período de nueve meses, y no sé de ningunos otros nueve meses de mi vida que fueran tan aburridos. Me levantaba por las mañanas sintiendo la necesidad de al menos pretender hacer algo constructivo. No tardé mucho en volver al trabajo duro, y pronto estaba mucho más ocupado que antes de mi retiro temporal, y extremadamente feliz.

Una vez que la riqueza acumulada sea suficiente para darte a ti y a tu familia todo lo necesario, junto con seguridad, estarás listo para la emoción de tu vida: ayudar a otros, a quienes de verdad merezcan tu ayuda.

El programa que te propongo te proporcionará una continuidad de contrastes. Estarás siempre en la envidiable posición de comparar las bendiciones futuras con las ya existentes.

LA AUTOCOMPASIÓN

No sé qué porcentaje de individuos se compadecen de sí mismos, pero estoy seguro de que si tal cifra estuviese disponible sería asombrosa. Dudo que haya muchos que puedan sentirse totalmente libres de la autocompasión.

«¿Por qué la gente se compadece de sí misma?», me pregunto frecuentemente. Resulta sorprendente ver cuántas veces la autocompasión surge de una falta de contrastes. Una persona estará viviendo bajo cierto tipo de circunstancias adversas y en lugar de dar los pasos necesarios para cambiarla, se compadecerá de sí misma por lo que tiene que soportar. Si pudiera comprender que están en su poder los medios de cambiar sus circunstancias, agradecería realmente su actual situación, por el contraste entre ella y lo que, con su imaginación constructiva, puede traer a su vida.

Mary Pickett era una típica autocompasiva. «Ha ocurrido así porque ese es mi destino», «Debería haber sabido que iba a sufrir una decepción», «¿Acaso me merezco toda esta mala suerte?», son algunas de las frases negativas que utilizaba frecuentemente.

Siempre tenía una expresión melancólica. Parecía tener miedo de sonreír, por temor a traicionar sus sentimientos internos.

—¿Por qué estás siempre tan melancólica? —le preguntaron en una ocasión.

—¿Quién no lo estaría, con todo lo que tengo que soportar? —contestó ella insípidamente.

—¿Qué es lo que que te perturba?

—Para empezar, no tengo ningún amigo en el mundo. Además, tengo la figura de una bala de heno; ¿quién querría la amistad de una persona así?

En cuanto a la falta de amigos, cuando se le preguntó al respecto, se descubrió que no los tenía porque nunca había intentado ser amiga de nadie. Se le dio una charla sobre cómo hacer amigos, y prometió esforzarse en ello.

Por lo que respecta a su figura de «bala de heno», se había compadecido tanto por su falta de amigos que había perdido el interés por sí misma físicamente. Mary Pickett prometió vigilar su alimentación y hacer el suficiente ejercicio para lograr una figura más atractiva.

¿Qué sucedió? Mary es ahora la chica más feliz del país. Tiene muchos amigos. Su cuerpo no es todavía el que ella quisiera tener, pero ha mejorado tanto respecto al que antes tenía que origina comentarios en todos los que la ven.

¿Se compadece ahora Mary de sí misma? El contraste entre su presente y lo que antes era resulta tan enorme que apenas puede creer que sea la misma persona. Su constante expresión de melancolía ha desaparecido, para ser reemplazada por una sonrisa sumamente radiante y contagiosa.

¡Alégrate de ser como eres! En lugar de sentir lástima por ti mismo, acepta tus circunstancias presentes, que son un cimiento sobre el que podrás edificar. A continuación toma todos los elementos negativos que te han estado preocupando y cámbialos uno a uno por algo positivo. ¿Te das cuenta de lo que estarás haciendo? Estarás desarrollando una serie de contrastes que te abrirán nuevas panorámicas de felicidad.

Durante un período de recesión económica, Bill King, impresor, llamó a un posible cliente, buscando un pedido.

—¿Qué tal va el negocio? –preguntó el posible cliente.

—Fatal –gimió Bill con tono desolado.

—Escucha, vamos a dejarlo, porque creo que este trabajo que tengo es demasiado grande para ti.

Cuando acudió a mí para que le ayudase, le pregunté:

—¿Cómo crees que puedes convencer a los demás de que se gasten algún dinero contigo, cuando tienes la cara de un condenado a muerte y solo salen comentarios desalentadores de tu boca?

—Sé que tienes razón –me contestó–, pero no puedo decirle a alguien que el negocio va bien cuando ambos sabemos que no es así.

—Debes de estar esforzándote mucho por lograr encargos, ¿verdad?

—Bueno, sí.

—Entonces, cuando los posibles clientes te pregunten qué tal va el negocio, contéstales que estás más ocupado que nunca, y estarás diciendo la verdad.

A regañadientes, lo intentó, y se sorprendió del resultado. Llamó a un posible cliente justo antes de la comida. Cuando le preguntó sobre el negocio, su contestación fue que nunca en su vida había estado tan ocupado.

—Venga a comer conmigo –fue la inesperada respuesta–. Es agradable pasar una hora con alguien que se mueve, en lugar de escuchar la misma deprimente historia una y otra vez.

Ambos disfrutaron juntos de una agradable comida y cuando volvió a su oficina, el impresor recibió un encargo muy sustancioso.

¿Ves? La razón por la cual este ejecutivo hizo el encargo fue el contraste entre este hombre y aquellos que llevan consigo una sábana para secarse sus continuas lágrimas. La actitud amistosa y optimista del impresor puso al posible cliente en el ánimo de realizar un encargo, en lugar de hacerle sentir que mejor sería conservar su dinero en el bolsillo.

«Toda historia tiene dos caras» es una afirmación que se oye a menudo, y hablando en general es verdad: casi todas las situaciones tienen su opuesta. Si algo no te conviene tal como es, en lugar de tratar de «fastidiarte y aguantarlo», busca el contraste; averigua la situación que sería ideal para ti y luego, aplicando los principios que has aprendido en ese libro, obtén la mejora deseada.

Este capítulo contiene mucho alimento para el pensamiento. Procura pensar cada una de las palabras contenidas en él, especialmente cuando surja algo con lo que no estés muy de acuerdo.

11

HAZTE RICO EN TODO MIENTRAS DUERMES

Aunque todos los capítulos de este libro son importantes, este demostrará ser la piedra angular que sostiene a todos los demás.

¿Puedo sugerirte que no lo leas precipitadamente? A no ser que estés en condiciones de relajarte por completo y leer despacio y reflexionando, es mejor que lo dejes a un lado hasta que puedas analizarlo y absorber totalmente lo leído.

También te sugiero que antes de seguir leyendo vuelvas a las primeras páginas del capítulo 1, que dan una interpretación de la riqueza. Entonces entenderás plenamente lo que quiere decir «Hazte rico en *todo* mientras duermes». A no ser que te hagas rico en *todo*, no estarás disfrutando de una vida equilibrada.

En el capítulo 3 te di una descripción simple y fácil de entender sobre lo que es la mente creativa. El capítulo que ahora lees te mostrará cómo hacer pleno uso de sus poderes, sobre todo cuando tu mente consciente se halla ausente —durmiendo.

Tu mente creativa nunca descansa. Permanece activa y despierta desde el día de tu nacimiento hasta que abandona este plano de existencia. Sin guía consciente, se hace cargo de todas las operaciones involuntarias de tu cuerpo: del alimento ingerido extrae los elementos necesarios para la sangre, los huesos y los tejidos; mantiene la sangre en circulación y suministra oxígeno a los pulmones a través de la respiración. Pero estas no son todas sus responsabilidades. La mente creativa acepta todos los pensamientos de la mente consciente como instrucciones y actúa sobre ellos —como he dicho ya varias veces, puede razonar con independencia de la mente consciente—. Por tanto, no solo se encarga del funcionamiento involuntario del cuerpo, sino que hace la gran labor de seguir las instrucciones de la mente consciente. Y para llevar a cabo estas instrucciones debe, necesariamente, scr capaz de razonar.

La mente consciente no es la sede de la memoria. De hecho, la información contenida en ella es solo la que estamos usando en este momento. Existe un flujo constante de información procedente de la mente creativa hacia la mente consciente, según esta la va necesitando.

He aquí un ejemplo muy simple: supón que contratas a un carpintero para hacer una reparación en tu casa. Él inspeccionaría el lugar, y volvería únicamente con las herramientas que necesitase: una sierra, un martillo, etc. No aparecería con un gran camión llevando consigo todas las herramientas y maquinaria que tuviese en su taller.

Lo mismo ocurre con tus dos mentes: solo acogerán la información que necesitan para llevar adelante el trabajo que están llevando a cabo en un momento dado.

A veces hay algo que obstruye la ruta y los datos que se necesitan no llegan a entrar en la conciencia. Esto es lo que llamamos *olvidar*. Los datos no entrarán en la conciencia hasta que la mente consciente le dé a la mente creativa instrucciones de localizarlos a través de comentarios como: «En un momento me va a llegar». Nunca uses una frase negativa como: «Me he olvidado», ya que sería exactamente lo mismo que instruir de forma consciente a tu mente creativa para que no hiciese nada al respecto.

Como ya he dicho, la mente creativa tiene facultades de razonamiento independientes de la mente consciente, pero con una diferencia: esta última, al tomar una decisión, puede basar su juicio bien en hechos ya almacenados en la mente creativa, o bien en hechos que descubre al investigar, fuera de ella. La decisión, por lo tanto, puede provenir de hechos existentes, otros recién adquiridos o una combinación de ambos.

El razonar de la mente creativa está confinado a la información ya contenida dentro de ella. ¡Es importante saber y recordar esto! Las decisiones alcanzadas a través del razonamiento de la mente creativa serán adecuadas o inadecuadas dependiendo del tipo de información que contenga. Si tu mente se inclina fuertemente hacia el lado negativo, tomarás decisiones de naturaleza negativa. Si tu mente se inclina hacia el lado positivo, tomarás decisiones de naturaleza positiva. Así de simple.

A modo de ejemplo, supón que tuvieras la oportunidad de adquirir un negocio. Podrías invocar a tu mente creativa para decidirte sobre si aceptar o no la oferta. Antes de retirarte a dormir, podrías mantener un pensamiento así: «Esta noche, mientras duerma, mi mente creativa trabajará sobre este problema y me dará una decisión cuando despierte por la mañana».

Si tienes una mente creativa que se inclina hacia el lado negativo, es probable que obtengas una respuesta así: «No, no creo que debas acometer este negocio. No has tenido mucha suerte en el pasado y probablemente este asunto te hará perder dinero. No, mejor será que te atengas a tu trabajo presente, aunque no te guste y esté mal pagado».

Por el contrario, si tu mente creativa está claramente en el lado positivo y constructivo, lo más probable es que la respuesta obtenida sea algo así: «Chico, este es el punto de arranque que has estado esperando. Con mucho esfuerzo y sin tener miedo al trabajo, podrás hacer algo grande. Mi decisión es sí».

Con este ejemplo podrás entender fácilmente por qué en un capítulo anterior te sugerí que te atuvieras al pensamiento «puedo» tener éxito, hasta que establecieras un estrato impenetrable de positividad en tu mente creativa.

CÓMO HACER QUE TU MENTE CREATIVA TRABAJE PARA TI

Si quisieras que el chico de los recados te hiciera un mandado, ¿qué es lo que harías? Simplemente le darías las instrucciones adecuadas. Si quisieras que fuera a la oficina de correos y echase una carta, le dirías que lo hiciera y, con la seguridad de que iba a hacer justamente eso, lo olvidarías y no volverías ya a pensar en ello. No dudarías de su capacidad. Sabrías instintivamente que el recado se iba a llevar a cabo.

Lo mismo debes hacer con tu mente creativa: has de darle las instrucciones con esa despreocupada certeza.

Supón que necesitas una gran suma de dinero para algún proyecto, o para hacer frente a una obligación. Podrías crear un pensamiento parecido a este: «Voy a ser guiado en pensamiento y acción hacia la solución de mi problema. Será muy fácil y divertido, obtener la cantidad de dinero que necesito».

Dos cosas sucederán, y rápidamente:

1. Perderás la sensación de duda respecto a si podrás obtener o no el dinero. A partir de ahora tendrás una sensación de seguridad, sabiendo que en un corto período vas a disponer de él.
2. Empezarán a afluir pensamientos a tu mente consciente que te dirán no solo qué hacer para obtener el dinero, sino que te inspirarán realmente a dar pasos inmediatos para ello.

Aquí debo una vez más repetir una afirmación que ya hice antes: «Tu mente creativa funciona mejor cuando tu mente consciente está en suspenso (sueño) o agradablemente ocupada».

El presidente del consejo de administración de una de las empresas más grandes de este país dijo una vez: «No podría hacer en doce meses al año todo el trabajo que me llega, pero en diez si podría».

Este hombre conocía algo acerca del funcionamiento de la mente creativa; se dio cuenta de que trabajaba mejor mientras la mente consciente descansaba o permanecía ocupada en actividades de su agrado. Hacía frecuentes cruceros en su yate. Antes de zarpar, instruía a su mente creativa sobre sus deberes durante la travesía. Le sugería que, mientras él se hallaba agradablemente ocupado con su yate, ella se encargaría de los problemas y de encontrarles una solución.

Invariablemente, al volver a la mesa de su despacho, todo lo que tenía que hacer era poner en acción las ideas que afluían a su conciencia.

Cuando el palaciego yate del difunto J. P. Morgan estuvo completo y listo para su crucero de prueba, me invitaron a bordo. Tuve la buena fortuna de que el señor Morgan me mostrase la embarcación en su totalidad. En su cabina personal observé una mesa construida de modo especial. La parte superior estaba contrabalanceada de modo que permaneciera estacionaria, aunque el barco oscilase con los movimientos del mar.

J. P. Morgan me dijo que cada vez que tenía que tomar una decisión y no llegaba a la conclusión de cuál era la correcta, sacaba completamente el problema de su mente haciéndose con un mazo de cartas y jugando al solitario durante una hora. Una vez acabado el juego, me decía, la decisión correcta aparecía en su mente, tan clara como el agua.

Tanto si el señor Morgan se daba cuenta de ello como si no, estaba poniendo a su mente creativa a funcionar para él. Mientras jugaba a las cartas, ella, con sus facultades de razonamiento, consideraría su problema y encontraría con calma la solución lógica.

Robert Updegraff, en su libro *Ponga su mente a trabajar para usted*, dice:

No es tanto una carencia de poder cerebral, de capacidad para los negocios o de astucia lo que impide a los hombres progresar más rápido hacia sus objetivos y hacia una posición sólida en el mundo. Es más bien porque solo utilizan para ello la mitad de la mente. El resultado es que fuerzan demasiado su mente consciente, demasiadas horas al día y demasiados días al año. Nos sentimos virtuosos por trabajar tanto y con tanto empeño que nos cansamos, cuando deberíamos sentir vergüenza de trabajar tanto, progresar tan poco y estar tan cansados mentalmente.

Updegraff quería decir con eso de «la mitad de la mente» que tratamos de hacer todo nuestro trabajo de una manera *consciente*, sin sacar provecho de la tremenda reserva de poder que hay a nuestra disposición en la mente creativa.

Desde ahora en adelante deberías empezar a crearte el hábito de poner a tu mente creativa a trabajar para ti. Este sirviente está trabajando las veinticuatro horas del día. Conforme aprendas a utilizar esta gran fuerza, esta interminable fuente de inteligencia que está a tu disposición, hallarás que, conscientemente, tienes más tiempo para el recreo y el disfrute.

¿Has observado alguna vez que las personas que más consiguen parecen ser las que menos trabajan?

Los jefes de las grandes organizaciones se toman, por regla general, al menos dos vacaciones al año; sin embargo, sabemos bien las responsabilidades que tienen.

Permíteme cristalizar la idea dominante de este capítulo: *el momento en que la mente creativa hace mejor su trabajo es mientras la mente consciente se halla en suspenso o agradablemente ocupada.*

Esto te da la feliz noticia de que para tener éxito, es realmente esencial que le dediques más tiempo a la diversión, en lugar de trabajar más duro y más horas. Esto será posible utilizando las fuerzas de la mente creativa para hacer que tu pensamiento y planificación sean constructivos, mientras tu mente consciente pone en acción los resultados de los esfuerzos de aquella.

«Si trabajo con mi mente creativa veinticuatro horas al día, ¿no estaré siempre mentalmente cansado?», podrías preguntar. ¡No! En este mismo momento tu mente creativa está trabajando veinticuatro horas al día. Si no es dirigida hacia canales positivos y constructivos por medio de un pensamiento adecuado, estará trabajando en contra tuya, obedeciendo a pensamientos negativos.

Hay dos puntos importantes que quisiera recalcar aquí:

1. Tu mente creativa, si se le permite hacerlo, te dirigirá en tu trabajo, haciéndolo mejor, más fácil de realizar y mucho más agradable.
2. Puedes, a voluntad, dirigir a tu mente creativa para que te asista en la solución de los problemas, para que te ayude en la toma de decisiones correctas, para que cree modos de alcanzar grandes logros.

En este punto, te sugiero que antes de seguir dejes el libro a un lado unos momentos y pienses acerca de lo que ya has aprendido. Si por casualidad, te has encontrado cada vez más tenso por la excitación emocional que estos pensamientos pueden haber despertado en ti, *relájate*. En las páginas que siguen te daré una norma que te permitirá empezar a vivir de acuerdo con estos principios, y es importante que los abordes bajo condiciones ideales.

En un capítulo anterior te dije que no serás eficiente en ningún trabajo hasta que tu mente creativa se ponga al mando. AHORA APRENDERÁS CÓMO PUEDES AYUDAR A TU MENTE CREATIVA A AYUDARTE.

1. Entiende que tu mente creativa está ocupada todas las horas del día, y que está trabajando *para* ti o en *contra* de ti.
2. Comprende que tu mente creativa está trabajando *para* ti porque solo mantienes pensamientos *positivos y constructivos*.
3. Sé muy concreto en las instrucciones que le das a tu mente creativa. Si es mejor salud lo que deseas, estará dirigiendo las glándulas y órganos de tu cuerpo para darte una mejor salud, y que como consecuencia de ello entrarán en tu conciencia pensamientos que te dirigirán a hacer lo necesario para promover una mejor salud. Si deseas avanzar más en tu trabajo, te dirigirá a dar los pasos necesarios para asegurar el avance. Si se interponen problemas entre tú y tu felicidad, ella, con sus facultades de razonamiento, te proporcionará una solución práctica. *Sé consciente de que tu mente creativa se halla dispuesta, capaz y gustosa de asistirte en cualquier modo que desees.*
4. *Libera tu mente de preocupaciones.* Como ya sabes, tu mente creativa es la sede de la inteligencia. Si has reflexionado mientras lees estas páginas, sabrás que la mayor cantidad de inteligencia que uno puede tener

conscientemente no es nada comparada con la cantidad que todos tenemos en nuestras Mentes Creativas. *La preocupación te impide hacer aquello que te proporcionaría los medios para solucionar lo que te preocupa.* Esto es literalmente cierto. Preocuparse es dudar de la inteligencia y poder de tu mente creativa.

«¿Cómo puedo dejar de preocuparme cuando tengo tantísimos problemas?», podrías preguntarte. La respuesta a esta pregunta es realmente simple: preocuparte no ayudará en lo más mínimo al problema. Todo lo contrario, lo hará peor. En lugar de preocuparte, dedícate *constructivamente* a desarrollar modos de superar el problema.

5. *Ten fe.* Asegúrate de no estar meramente deseando mejores condiciones a través de tu mente creativa. Siente la sensación de *autodominio* que se tiene cuando se comprende plenamente la verdad de que *la mente consciente es el amo; la mente creativa, el sirviente.*

Una preocupada mujer vino una vez a pedirme consejo respecto a sus problemas. No podía seguir soportando a su marido. Prácticamente no recibía de él dinero bastante para la casa ni para comprarse ropa y no tenía oportunidad de trabajar, por el tiempo que debía dedicar al cuidado de sus hijos. Creía claramente que mis enseñanzas eran para otros, no para ella. Consideraba su caso como carente de esperanzas y aseguraba que no tenía tiempo para libros o seminarios de autoayuda.

Le dije que la respuesta a sus problemas estaba contenida en su mente creativa y que si tenía fe en ella, encontraría la felicidad. Mi charla, de una hora o más, pareció no causar impresión alguna en ella, tan segura estaba de sus propias opiniones.

Pero seis meses más tarde volvió, y había cambiado tan asombrosamente que no la reconocí. Tuve dificultades para recordar a la llorosa criatura que había sido en su primera visita.

Esta mujer *aceptó* el pensamiento de que su mente creativa contenía la respuesta a sus problemas, y lo demostró dámdole una oportunidad de solucionarlos. Empezó por *ser consciente* de que su mente creativa la guiaría a hacer lo necesario para encontrar la armonía con su marido. Comenzó a visualizar un buen vestuario, y *supo* que lo obtendría. Lo mismo le ocurrió con la educación de sus hijos.

Esta mujer relató, con notable entusiasmo, que su vida matrimonial era ahora ideal. Tenía suficiente dinero y sus hijos eran ahora un motivo de gozo en lugar de ser una preocupación. Y eso no fue todo. Con todas esas bendiciones y libre de preocupaciones, empezó a sentirse —y a parecer— mucho más joven que antes.

Si hubiese citado este caso anteriormente, habría parecido demasiado bueno para ser verdad; pero con lo que has aprendido hasta ahora, verás que los resultados obtenidos por esta mujer son solo normales, pues ya sabes cómo funciona el mundo y lo que cabe esperar por parte de quienes utilizan la mente creativa.

TU FÓRMULA MÁGICA

En este punto en que nos encontramos, podemos enfocar el conocimiento adquirido hasta ahora en este capítulo en su título: «Hazte rico en todo mientras duermes».

Doy aquí cuatro reglas para que las sigas a fin de conseguir una cooperación plena y satisfactoria por parte de tu mente creativa:

1. Antes de retirarte a dormir, relájate del todo, tanto mental como físicamente.
2. Piensa en tu problema. Piensa en él, pero *no lo temas*. Si por ejemplo fueras a encomendarle un trabajo a otra persona, tendrías que explicarle lo que quieres que haga. Estás a punto de dar un encargo especial, así que es necesario que tengas claro qué es lo que deseas de tu mente creativa. *No temas*, pues lo estás encomendando a una inteligencia mucho mayor que la inteligencia de tu mente consciente.
3. Adquiere una actitud de éxito. Si has desarrollado la fe en tu mente creativa, será fácil tener esa actitud de éxito. *Sabrás* que es capaz de servirte, y que está presta a hacerlo y gustosa de ello.
4. Una vez que has llegado hasta aquí, elimina de tu mente consciente todo pensamiento acerca del problema, *sabiendo* que la solución habrá de llegar en el momento correcto.

Digamos, por ejemplo, que tienes un importante compromiso a las diez de la mañana, y en ese momento deberás tomar una decisión muy importante. Por la noche le pides a tu mente creativa que te ayude a tomar la decisión correcta. Una vez que hayas realizado la rutina que te he dado en las cuatro reglas, pasa todo el asunto a tu mente creativa *sabiendo* que antes de las diez de la mañana, tendrás la respuesta.

Te asombrarás de ver lo que sucede. Mañana te despertarás y encontrarás que te llegan pensamientos sobre lo que deberías hacer, y junto con este conocimiento *estarán las razones* por las que deberías dar un paso así, o por el contrario evitarlo. La sucesión de ideas se te presentará de una manera tan lógica que no serás capaz de dudarlo.

Lo que has leído en este capítulo no tiene precio. Hazlo parte de tu conciencia releyéndolo antes de comenzar el siguiente. ¿Lo vas a hacer?

12

ACEPTANDO LA SUPREMACÍA DE LA MENTE SOBRE LA MATERIA

«Eso de la mente que domina a la materia son todo sandeces —declaró un hombre tras haber escuchado una charla sobre la eficacia del poder mental—. Cualquiera que crea en ello no es demasiado brillante —añadió.

El suyo no es un caso aislado, aunque resulte raro en estos días. A comienzos de siglo el tema no podía ser mencionado sin que la gente lo reprobase. La verdad es que nada hecho por el hombre ha sido creado nunca sin haber empezado por un pensamiento; por consiguiente, las afirmaciones en contra de esta verdad tan evidente están sencillamente equivocadas.

Puede ser, quizá, que los que se oponen a los principios del dominio de la mente sobre la materia no sean, en realidad, contrarios a ellos, pero sí que tengan dificultades a la hora de creer que el modo en que piensan —negativa o positivamente– pueda guardar alguna relación con lo que les sucede.

Para obtener de este libro todo el bien que deberías y que puedes obtener, es absolutamente necesario que aceptes la supremacía de la mente sobre la materia. Y esto no será difícil, puesto que, como dije anteriormente, *todo logro comienza con un pensamiento*.

Por favor, recuerda: decir que la mente domina a la materia *no* estoy hablando sobre cultos, dogmas, magia negra o cualquier cuestión que bordee lo sobrenatural. Solo me estoy refiriendo a la manera normal en que la mente opera.

Al discutir sobre la mente y sobre cómo opera, no quiero dar la impresión de que lo sé todo sobre este tema. Nada más lejos de ello: reconozco que me resulta imposible ofrecer una definición correcta de lo que es la mente.

El doctor J. B. Rhine, de la Universidad Duke –el hombre que probablemente sepa más acerca de la mente humana que ningún otro de nuestro tiempo–, inicia su libro *El alcance de la mente* con la afirmación: «La ciencia no puede explicar lo que es realmente la mente humana, y cómo funciona el cerebro. Nadie pretende siquiera saber cómo se produce la consciencia. ¿Qué clase de fenómeno natural es el pensamiento? No existe ni una teoría al respecto».

Los ingenieros eléctricos son entendidos en el uso de la electricidad, pero si le pidieses a uno de ellos que explicase qué es realmente la electricidad, no podría darte sino una serie de suposiciones.

En los años que he dedicado al estudio de la mente, he aprendido mucho sobre su uso, pero en cuanto a lo que es la mente, estoy por completo de acuerdo con el doctor Rhine.

En muchas ocasiones la expresión «la mente domina a la materia» se utiliza con referencia a su influencia sobre el movimiento de los objetos, lo que se conoce como telequinesis o telequinesia. Experimentos efectuados en la Universidad Duke y en otros lugares parecen indicar que en efecto el poder de la mente puede ser dirigido para influenciar el movimiento de los objetos.

En este libro consideraremos tan solo la influencia de la mente sobre la materia en el sentido de que un ser humano controla la materia a través de la dirección mental: tienes idea de algo que deseas hacer; reúnes los materiales que necesitas y pasas a crear esa idea en tu mente. Con el tiempo, tendrás una réplica de lo imaginado, y tu logro será una manifestación de que la mente domina a la materia.

¡Recuerda! La magnitud de tu proyecto se halla en proporción directa con la extensión de la imagen mental que concibas. Por ejemplo, puedes imaginar una carta que desees escribir. No hay duda alguna sobre tu capacidad para llevar adelante este proyecto. Reúnes el papel, el sobre, el bolígrafo y el sello, y reproduces de forma material la imagen que mantuviste primero en tu mente. Yéndonos al otro extremo, supón que desearas construir un edificio como el Empire State, ¿hasta dónde llegarías? La empresa es tan gigantesca que tendrías serias dificultades para controlar tu mente a la hora de poder verte a ti mismo realizando —o siquiera intentando— tan inmenso trabajo.

Este ejemplo podría impulsarle a uno a decir: «Pero levantar un edificio enorme requeriría una gran suma de dinero; solo los ricos podrían sostener una idea así». Esto no es siempre cierto. Permíteme que te cuente un caso que me es familiar.

Una persona carente de medios económicos se obsesionó con la idea de que quería poseer y administrar un gran edificio de apartamentos. En lugar de quejarse del hecho de no tener dinero, empezó a pensar en los diversos modos de comenzar tal proyecto *sin recursos económicos*.

En Westchester Country, un barrio de Nueva York, encontró un solar ideal para su edificio de apartamentos. El precio del solar, como te podrás imaginar, ascendía a una gran cantidad de dinero.

Este agresivo joven fue a ver al dueño y le hizo una proposición. Le dijo que con la garantía del solar podría pedir suficiente dinero prestado de los bancos para financiar la construcción de un edificio de apartamentos. El joven se quedaría con un porcentaje del edificio por su trabajo de poner el proyecto en marcha, y asimismo quería administrar luego la totalidad del inmueble.

Su sinceridad impresionó al dueño del solar, que aceptó su proposición. Se consiguió la financiación y un arquitecto diseñó un bello edificio de apartamentos de doce plantas. A su debido tiempo, aquel hombre que comenzó con nada más que una idea tenía un porcentaje en una empresa de mucho éxito y además la estaba administrando.

> *Las buenas ideas son mejores que el dinero, porque con las buenas ideas no es difícil obtener dinero.*

Se podría pensar que este emprendedor había alcanzado ya la cúspide de su satisfacción, y que debería sentirse contento de permanecer tal como estaba; pero el ansia de nuevos logros era demasiado grande en él. No pudo resistirse a buscar nuevas pruebas que vencer. Su siguiente aventura fue otro edificio de apartamentos, pero esta vez disponía ya de dinero para financiarlo él mismo. La última vez que oí hablar de él, estaba planeando la construcción de un motel cuyo coste ascendía a muchos millones.

¿CUÁL ES EL TAMAÑO DE TUS IMÁGENES MENTALES?

Ya has aprendido que la mente es el hombre. En otras palabras, el «tú» que a otros gusta o disgusta no es lo que ven, sino lo que proyectas desde tu mente.

La estatura de un individuo, por tanto, no se mide en centímetros, sino en logros. Un hombre bajo puede ser un *gran* hombre si da esa medida mentalmente. Una vez más cito a Napoleon Hill: «Lo que la mente puede concebir y creer, puede conseguirlo».

Posiblemente pienses que no es muy sabio tratar de pasar de un solo salto desde una existencia mediocre hasta el nivel económico de un capitalista. Sin embargo, puede hacerse, se ha hecho y se hará. Pero para el individuo medio, la distancia que separa la pobreza y la mediocridad de la fama y las riquezas es tan grande que le resulta difícil *concebir y creer* que pueda hacerlo.

Si me dispusiera a iniciar un negocio, no creo que comenzara con la intención de hacerlo nacional, o internacional, de una sola vez. Probablemente iría por zonas, y me expandiría sólida y razonablemente hasta cubrir la nación entera. Y es más divertido trabajar de este modo. Si pudieras conseguir todo tu objetivo de una vez, aunque la emoción de lograrlo sea grande, pronto darías tu negocio por supuesto y perdería su atractivo. Sin embargo, si trabajas paso a paso, cada vez que alcanzaras un objetivo menor, sentirías una gran emoción, así como el reto de ir a por el siguiente paso.

Si eres coleccionista, tu interés se mantendrá vivo mientras puedas procurarte nuevos objetos para tu colección. Tan pronto como dejes de obtenerlos, ese interés menguará y llegará un momento en que no te atraerá en absoluto.

Cuando tengas una buena idea, no desees de inmediato que se realice. La única impaciencia debería ser comenzar. Una vez que se ha comenzado, podrás disfrutar del progreso y seguir felizmente cada paso que has dado hacia delante. Una actitud así impide que las tareas se vuelvan aburridas. Tu mente no estará pendiente de la conclusión, sino de la perfección lograda en cada una de las etapas del camino.

¿Parezco inconsciente? Durante todo este libro te he estado mostrando lo fácil que resulta alcanzar el éxito. Ahora te sugiero que no aceleres el proceso.

«La expectativa es mayor que la realización» es un proverbio que revela una gran verdad, pero que rara vez se entiende. Cuando uno sabe que se encuentra en el camino hacia la consecución de cierto objetivo, se siente entusiasmado. Una vez que ha alcanzado su meta, experimenta felicidad por su logro, pero pronto lo da por hecho y deja de ser una causa de gozo.

Yo no empecé a ascender realmente hasta pasados los cincuenta años, y di mis mayores zancadas durante los sesenta. Estoy contento con ello. Si hubiera adquirido lo que ahora tengo a los cuarenta, ahora estaría tan habituado a mis pertenencias que el hecho de tenerlas me parecería perfectamente natural. Ahora, cada vez que descubro un nuevo objetivo para mi existencia –algo que ansié en mis días de juventud–, resulta emocionante. ¿No es estupendo que, a mi edad, aún logre mantener la ilusión por algo?

LA MENTE DOMINA A LA MATERIA

No confundas mente con cerebro, pues no se trata de lo mismo. El cerebro es algo físico que actúa como una estación receptora de pensamientos e ideas provenientes de la mente. Una mente no enferma, ni se vuelve defectuosa. Salvo que tu cerebro esté dañado de algún modo, tu mente es capaz de concebir ideas tan buenas y constructivas como la del individuo más grande. Si no lo hace, es a causa de malos hábitos mentales: has contrariado a tu mente manteniendo pensamientos de frustración, carencia, melancolía y mala salud.

Siempre vivirás una existencia vulgar hasta que reeduques tanto a tu mente consciente como a tu mente creativa para que sepan crear y sostener pensamientos positivos y constructivos.

El proceso de reeducación de tu mente es simple, pero requiere constancia. Sin bajar la guardia ni un momento, decide poner en fuga todos los pensamientos negativos que intenten entrar en tu mente. Si tienes una tarea que llevar a cabo y te sientes inclinado a pensar que es demasiado para ti y no puedes realizarla, cambia tu pensamiento al lado positivo. *Comprende* que ese trabajo está hecho para ti, que eres plenamente capaz de hacerlo. Hallarás que tu mente creativa dirigirá a tu mente consciente de modo que acometa el trabajo con un espíritu de éxito, y verás que podrá lograrlo fácilmente.

¡Recuerda! Una sola victoria similar a la recién mencionada no asegura que hayas eliminado tu pensamiento negativo. Significa que, por un esfuerzo consciente, fuiste capaz de hacer algo que al principio parecía difícil. Tendrás que seguir trabajando en ello. Cada vez que intentes llevar a cabo alguna labor y te veas bloqueado con la expresión «no puedo», vuelve a comenzar: sostén el pensamiento de que puedes hacerlo, que será fácil y que disfrutarás con ello.

Siempre que elimines un pensamiento negativo, resultará más fácil. ¡Con el tiempo —no demasiado—, se habrá formado un nuevo patrón de hábitos y te resultará natural pensar en términos de PUEDO!

A veces un poco de racionalización podrá ayudar.

Un amigo me contó lo que hizo para romper la barrera negativa. Estaba afrontando una situación en la que tenía que elegir: o rebajar su nivel de vida y mudarse a una casa más barata o aumentar sus ingresos a fin de poder disfrutar de su nivel de vida actual.

Su problema lo agobiaba tanto que tenía dificultades para dormir por las noches y a menudo se levantaba y hacía solitarios hasta que el sueño le llegaba de nuevo.

Durante una de esas sesiones con las cartas empezó a pensar en su esposa. «Ella tiene plena confianza en mí. No alberga la menor duda sobre mi capacidad para poner nuestro tren de nuevo sobre los raíles», reflexionó.

Conforme pensaba en ella y en su inquebrantable confianza, decidió que no le fallaría; otros habían resuelto problemas más grandes que el suyo, y él haría lo mismo por su mujer. ¡Lo hizo! Tan pronto como su mente comenzó a correr por los canales del PUEDO, las ideas empezaron a fluir. Su ruta se aclaró, y no solo aumentó sus ingresos hasta un punto en que pudo mantener su nivel de vida, sino que fue incluso más allá, y fue capaz de *elevarlo*. He aquí una prueba más de que la mente domina a la materia.

Lo que quiero dejar claro en este capítulo es que si nos enfrentamos a algún tipo de problema, tenemos dentro de nuestra mente el medio de resolverlo. O si deseamos optimizar nuestra situación, disponemos de todo lo que necesitamos para cambiarla por una mejor.

Anteriormente hice la afirmación de que deberíamos estar contentos por tener problemas, pues nuestro crecimiento depende de ellos. Si tienes un problema y lo solucionas, habrás aprendido lo que debes hacer si se presenta de nuevo —aunque una vez que lo hayas dominado, no es probable que vuelva a aparecer—. Resulta interesante tratar de visualizar una vida sin problemas. «Maravilloso», podrías decir, pero reflexiona un poco al respecto. La vida se volvería tan aburrida que no dejarías de pensar en su final. Mi último lema conduce a este punto:

No son nuestros problemas los que nos perturban, sino la falta de fe en nuestra capacidad para resolverlos.

En anteriores capítulos te sugerí ciertas afirmaciones que puedes utilizar para liberar tu mente de pensamientos negativos. Si empezaste a utilizarlas, sé que estarás asombrado con los resultados que vas obteniendo.

Dado que ahora tienes una mejor comprensión del dominio de la mente sobre la materia, te daré otra afirmación, que rápidamente te ayudará a obtener el autodominio mental.

Estoy en paz conmigo mismo y con el mundo. Los problemas a los que me enfrento ya no me perturban, pues he contactado con la verdadera fuente de inteligencia y poder. Se me está guiando a hacer lo correcto en el momento adecuado.

Sería una buena idea que copiases esto en una tarjeta y la llevaras contigo. Cuandoquiera que tengas un momento libre, léela. Y no olvides leerla precisamente antes de retirarte a dormir. Te despertarás por las mañanas con todo el ánimo que necesitas para acometer cualquier problema que pueda estar perturbándote.

13

EJERCICIOS MENTALES Y EJERCICIOS FÍSICOS

Los músculos que no utilizamos se atrofian. Un brazo roto, llevado en cabestrillo durante una temporada, encogerá de tamaño y perderá la mayor parte de su fuerza. Una vez liberado, tardará varios días en volver a su condición anterior.

De la misma manera, una mente que no se mantiene activa se volverá menos alerta y perderá mucha de su brillantez. Es lógico suponer que debes ejercitar tu mente, al igual que tu *cuerpo físico*.

Si nos atenemos a su importancia relativa, te diría que de ambos tipos de ejercicio, el mental debería ser considerado antes. De hecho, los ejercicios físicos, para que ofrezcan el máximo de beneficios, tendrían que coordinarse con la mente. La felicidad es relajante, y los músculos responden al ejercicio mucho mejor cuando permaneces relajado que cuando estás tenso.

Hay condiciones mentales que se corresponden con la tensión y la relajación. Si tu mente está tensa, porque una serie de pensamientos perturbadores intentan entrar en ella, el pensamiento constructivo se ve retardado. Tendrás dificultades para llevar adelante el tipo de pensamiento constructivo que podría liberarte de tus problemas.

Este capítulo te ayudará a estimular y desarrollar tus facultades mentales con una concentración disciplinada. La recompensa por ello será grande. A medida que comiences a desarrollar cierto autodominio mental, realmente alcanzarás un nivel superior de éxtasis. A continuación te muestro varios factores que dificultan que los pensamientos constructivos se adueñen de la mente. Deshazte de ellos y gran parte de tus problemas desaparecerán.

FRUSTRACIÓN: no se trata de un desorden mental incurable, sino del producto de una mente incontrolada. Quien permita que los pensamientos perturbadores tomen el mando y bloqueen todo pensamiento racional entrará casi en un estado de pánico y frustración, al verse abrumado por tantos problemas.

Un hombre así vino a verme en busca de consejo, y según su descripción del caso, parecía sostener el peso del universo sobre sus espaldas.

—Tengo tantos problemas –dijo–. No puedo encontrar una salida.

Cogí una hoja de papel y le pedí que fuera mencionando sus problemas, de modo que yo pudiera ir haciendo una lista con ellos. Después veríamos qué se podía hacer.

No tuvo dificultad alguna en nombrar el problema número uno. Luego miró por la ventana un segundo, y sacó a relucir el problema número dos. Tardó unos cuantos segundos más en pensar el problema número tres, y de ahí en adelante le resultó complicado encontrar más.

Con ese sencillo ejercicio quedó asombrado al comprobar que realmente tenía tan pocos problemas. Y al verlos relacionados sobre el papel, no le fue difícil hallar soluciones para ellos.

El sentimiento de frustración lo había dominado, porque, falto de un pensamiento sosegado, había aumentado el tamaño de sus problemas hasta un punto en que llegaron a ocupar su mente por completo.

DEBILIDAD MENTAL: es un término con frecuencia mal utilizado. Cuando pensamos que alguien es mentalmente débil, lo consideramos un caso imposible. Esto no es siempre cierto. Por regla general, no es más que el resultado de una mente inactiva. Te contaré la historia de un juez retirado cuya mente mostraba signos de volverse débil. Durante sus numerosos años de trabajo tuvo que leer y estudiar mucho. Se había saturado de tanta letra impresa que una vez relegado de sus deberes, entró en una «huelga» de lectura. Ni siquiera le apetecía hojear el periódico, y simplemente se dedicaba a sentarse en el porche de su casa y dejar pasar el tiempo.

En sus días jóvenes, su gran hobby había sido la construcción de maquetas de barcos. Se le animó a conseguir los planos de un navío y reanudar su anterior afición. En cuestión de días su mente experimentó una notable mejoría, y unos pocos meses más tarde nadie se atrevía a relacionarlo con la debilidad mental.

OLVIDO: es causado a menudo por una mente desorganizada. Cuando la mente se halla en un estado de agitación, nuestros poderes para recordar disminuyen, por lo que cuando deseamos traer a la memoria cualquier hecho, este tarda en llegar.

Aceptamos el pensamiento de que nos estamos volviendo olvidadizos y, como habrás aprendido en un capítulo anterior, con ello fomentamos esa misma situación: nos volvemos más olvidadizos todavía.

Los recuerdos de quienes poseen mentes bien disciplinadas son mucho más agudos que los de aquellos que tienen mentes confusas.

Woodrow Wilson se jactaba de ser una de esas personas cuyas mentes parecen correr por un solo raíl –y bien podía hacerlo–. Mantener la mente de forma persistente sobre un solo asunto hasta haber llegado a su final, es todo un logro.

ALCOHOLISMO: el alcohol actúa a veces como anestésico mental. Cuando se ha consumido una cantidad suficiente, se deja literalmente de pensar y se da vía libre a las emociones internas inhibidas. Si estamos acosados por pensamientos de fracasos del pasado o problemas presentes, encontramos alivio temporal a través del desenfreno alcohólico.

Hubo un caso interesante de un hombre que se abstenía del alcohol durante unos días y luego se emborrachaba hasta perder la conciencia.

—Que la vieja grite, no me importa –se le oyó decir mientras entraba tambaleándose en su casa.

La esposa de este hombre resultó tener un mal carácter crónico. Todo lo que él hacía estaba mal, y todo lo que no hacía debería haberlo hecho.

El «alcohólico» y su esposa se divorciaron y, con el tiempo, él se enamoró de otra chica. Esta, e lugar de quejarse de él continuamente, trató de entenderle y le ayudó a encontrar la felicidad. El hombre dejó de beber. Si hubiera tenido autodominio mental, probablemente podría haber ayudado a su primera esposa a adquirir intereses más elevados que encontrar faltas en los demás.

Muchas de las peleas domésticas resultan del aburrimiento mental. A una pareja a punto de separarse se le dio un libro de autoayuda. Resultó tan interesante para ambos que no solo lo leyeron, sino que buscaron en las librerías otros libros del mismo tipo. Una vez que sus mentes se guiaron a canales constructivos, sus disputas cesaron. Hoy en día parecen recién casados.

EJERCICIOS MENTALES

Cualquier rutina de ejercicios que te haga pensar resultará valiosa. Te sorprenderás al descubrir lo poco que tarda la mente en responder, y en muy corto espacio de tiempo advertirás una notable mejora en tu capacidad de pensar rápida, lógica y creativamente.

Mientras conduces, puedes hacer un fascinante ejercicio con las matrículas de los coches que van por delante. Toma el número de matrícula y, sumando todas las cifras, redúcelas a un solo número. Si el resultado contiene más de una cifra, vuelve a sumarlas. Sigue así hasta tener una sola cifra. He aquí unos pocos ejemplos:

$$978 = 9+7+8 = 24 = 2+4 = 6$$
$$164 = 1+6+4 = 11 = 1+1 = 2$$
$$899 = 8+9+9 = 26 = 2+6 = 8$$

Si las matrículas llevan letras y números, puedes hacer un juego con las letras. En California, por ejemplo, pueden tener tres letras, tales como PUD. Conforme veas las letras, compón, tan rápido como puedas, un nombre de persona utilizándolas como iniciales. Al principio necesitarás pensar un poco, pero en poco tiempo los nombres te llegarán casi con la misma rapidez con que puedas registrar mentalmente las letras.

Los pasatiempos que encuentres en periódicos o revistas y los concursos de televisión también te ayudarán a estimular tu mente.

Los crucigramas no solo añaden nuevas palabras a tu vocabulario, sino que estimulan tu mente. Conforme continúes resolviéndolos, advertirás que las palabras llegan a tu mente mucho más deprisa de lo que lo hacían cuando empezaste.

La lectura rápida es una buena práctica. Hay diversos métodos de lectura rápida entre los que escoger. Leer más deprisa también acelera tu pensamiento, lo cual, por supuesto, tiende a aguzar tu capacidad mental.

UTILIZA TU MENTE CREATIVA PARA
ESTIMULAR A TU MENTE CONSCIENTE

En algunos de los primeros capítulos, aprendiste que puedes instruir a tu mente creativa para que te guíe en pensamiento y acción.

En conexión con los ejercicios mentales, asegúrate de utilizar esta facultad de la mente creativa. Mucha gente, cuando se le pide que llegue a una solución que requiere de un pensamiento concentrado, pensará inmediatamente: «Oh, no puedo hacer eso». Este, desde luego, es un camino seguro para bloquear los procesos mentales, de modo que no puedas llegar jamás a una solución lógica.

Conforme procedas con los ejercicios mentales, construye el pensamiento de que son fáciles para ti y de que obtendrás de ellos grandes beneficios.

Desarrolla la conciencia de que tu mente está cada día más alerta. Será interesante –y gozoso– descubrir que realmente *se vuelve* más alerta.

DESARROLLA TU PODER DE CONCENTRACIÓN

Cuando eras niño, ¿jugaste alguna vez con una lupa, enfocando los rayos del sol sobre un objeto hasta generar el calor suficiente para crear una llama? Lo mismo puedes hacer con la mente. Cuando aprendes a enfocar tus pensamientos, sin interferencias, sobre un objetivo concreto, es asombroso el poder mental que puedes poner en acción.

Desarrollarás los poderes de la concentración mental a través de la práctica, y cuanto más practiques más fructíferos serán los resultados.

Un ejercicio simple consiste en comprobar cuánto tiempo puedes mantener tus pensamientos en un solo objeto. Por ejemplo, coloca un libro sobre una mesa, siéntate y trata de mantener la mente concentrada en él durante cinco minutos. Parece fácil, pero requiere práctica. Puedes pensar en cualquier detalle del libro: el título, el diseño de la portada, la naturaleza de su contenido... O si tienes interés en lo comercial, piensa en el método utilizado para anunciarlo y venderlo, pero mantén la mente concentrada en alguno de sus aspectos.

Una vez hayas finalizado el tiempo de concentración, toma una hoja de papel y escribe un breve ensayo sobre el libro. Haz lo mismo a continuación de cada período de concentración. Al cabo de unas cuantas semanas, compara los ensayos y advierte la mejoría. Estarás no solo optimizando tu capacidad de observación, sino también tu forma de expresión. No es necesario que siempre utilices un libro. Cambia al objeto que quieras: el aparato de televisión, una lámpara, un sombrero, etc.

CREA OBJETIVOS IMAGINARIOS

Más adelante encontrarás varias preguntas relativas a posibles objetivos. Pueden ser considerados *imaginarios* en principio, porque quizá nunca has pensado que podrías obtenerlos.

Coge una hoja de papel y escribe la pregunta que más te llame la atención. Piensa en ti mismo como si fueses un consejero, e imagina que te viene un cliente con la pregunta y solicita que le des una solución.

Conociendo el objetivo, comprueba cuáles son las resistencias que, en el momento presente, se interponen entre el cliente y el logro de su objetivo. Con esta información estarás listo para desarrollar un plan de acción que permitirá a tu cliente –que por supuesto eres tú–, sortear las resistencias y alcanzar el objetivo deseado.

No es necesario hacer esto con todas las preguntas, pues algunas de ellas están en conflicto entre sí. Por ejemplo, no estarías interesado en hallar un modo de aumentar tu salario si tu objetivo fuese tener un negocio propio.

He aquí unas cuantas preguntas típicas; cámbialas por otras si así lo deseas:

- ¿Cómo puedo poner en marcha un negocio exitoso?
- ¿Cómo puedo ascender en mi trabajo?
- Desearía llevar a mi esposa a un largo viaje. ¿Cómo puedo llevar esto a efecto?
- ¿Qué puedo hacer para poder vivir en una casa mejor?
- ¿Cómo puedo convertirme en una autoridad dentro de mi comunidad?

Es posible que antes de ejercitarte mentalmente, hayas pensado que cualquiera de estas preguntas se encontraba más allá de toda respuesta práctica. Para cuando hayas finalizado este capítulo y te hayas acostumbrado al ejercicio que te di, te sorprenderás de tu victoria. Con un pensamiento claro, lógico y concentrado, no será difícil en absoluto ver la salida a cualquiera de los problemas presentados por las preguntas.

Margaret Beach era un ama de casa típica. No se sentía feliz con su rutina diaria de cocinar, remendar y limpiar; sin embargo, nunca hacía nada al respecto, excepto gruñir. Creía no poseer una mente muy brillante, y por ello aceptaba estar condenada a una existencia de pesado trabajo doméstico. Hasta que un día asistió a una charla cuyo tema era la mejora mental. Se realizaron ejercicios mentales que, por fortuna para Margaret, coincidían con sus necesidades. Una vez que empezó a desarrollar sus facultades mentales, se sentía todavía más insatisfecha de ser una mera ama de casa, pero ahora creía que podía hacer algo más importante y mucho más satisfactorio.

Margaret había tenido siempre interés por las casas nuevas. Se detenía cada vez que veía un piso piloto.

«¿Por qué no podría aprender a diseñar casas?», se preguntó a sí misma. Como no pudo darse una respuesta negativa a la pregunta, hizo planes al respecto.

Comenzó por seguir un curso de dibujo arquitectónico y diseño de viviendas. Una vez hubo adquirido el suficiente conocimiento para empezar, llegó a un acuerdo con un constructor, para hacerle los planos de sus futuras obras.

Tuvo tanto éxito, que empezó a crear diseños para nuevas casas, los cuales tuvieron una gran acogida por parte de los constructores locales.

Ahora Margaret Beach recibe unos ingresos notables, que le han permitido emplear a una asistenta y liberarse, de esa manera, del trabajo que tanto le disgustaba. Y una de las casas ultramodernas que ha diseñado se convertirá en su propio hogar cuando esté construida.

La mente puede convertir a cualquier persona en un gigante, en lo que respecta a poder y logros personales. Y esto es tan cierto en tu caso como en el de otros.

Pon estos ejercicios en práctica y pronto descubrirás un nuevo «tú» emergiendo del que existe hoy en día. Los objetivos no serán algo que desear, sino cosas que hacer.

Ya no envidiarás a otros por sus posesiones y logros, pues sabrás que si deseas lo que ellos tienen, tú mismo podrás tenerlo.

14

LOS PENSAMIENTOS SON IMÁGENES; LAS IMÁGENES SON NORMAS

S i escuchas la palabra «casa», ¿qué es lo que percibes con tu visión mental? ¿Acaso ves las letras c-a-s-a? No, ves la imagen de una casa. Puede ser la tuya propia, una que admiras o la casa de tus sueños, que esperas poseer algún día.

La mente no piensa en palabras, solo en imágenes. Cuando lees, estás traduciendo continuamente en imágenes las palabras que ven tus ojos. Es decir, *ves* lo que lees.

Sin embargo, no todas las palabras pueden ser convertidas en imágenes: «amor», por ejemplo. Pero cuando pensamos en una palabra que no se presta a ser imaginada, hacemos algo lo más parecido posible. La asociamos con una palabra-imagen. Cuando escuchas la palabra «amor», es probable que veas con tu visión mental la imagen de alguien a quien amas: tu pareja, tu amante o tu hijo.

Cuando se tienen dificultades para recordar lo leído, suele ser a causa de malos hábitos de lectura. Tus ojos habrán estado siguiendo las palabras, pero no las habrán convertido en imágenes. En mis libros animo al lector a *pensar mientras lee*. En realidad, lo que esto quiere decir es que *vea* mientras lee.

Puedes ir al cine y ver una película de dos horas o más de duración. Posteriormente podrás describirla entera hasta el más mínimo detalle. Esto es así porque has estado viendo la historia en imágenes.

Revistas tales como *Life* y *Look* reciben miles de fotos que nunca utilizan. El editor de imágenes las estudia desde el punto de vista del interés del lector. Si no cree que una imagen llamará la atención de un gran número de lectores, no la utilizará. El editor de imágenes es, por tanto, uno de los más valiosos empleados de la redacción. El éxito de la revista depende en gran parte de él.

Puesto que los pensamientos son imágenes mentales, estas serán o bien negativas o bien positivas, dependiendo de la línea de pensamiento seguida. Establece en tu mente la siguiente afirmación, ahora mismo:

Los pensamientos negativos ocasionan reacciones negativas; los pensamientos positivos ocasionan reacciones positivas.

Ahora bien, si los pensamientos son imágenes, ¿no te corresponderá a ti hacer de editor de imágenes, a fin de valorar las imágenes mentales que entran en tu mente? Estoy seguro de que estarás de acuerdo con ello.

LAS IMÁGENES SON NORMAS

En capítulos anteriores aprendiste que la mente creativa acepta los pensamientos de la mente consciente como instrucciones. Puedo ahora ampliar la afirmación original diciendo que las imágenes mantenidas en la mente consciente serán aceptadas como normas por la mente creativa.

¿Has puesto alguna vez en marcha uno de esos viejos organillos? Un ancho rollo de papel lleno de pequeños agujeros y ranuras pasa por una correa con una serie de aberturas, cada una de las cuales representa a una tecla del piano. No importa cuántas veces toque un cierto rollo de música, la melodía siempre será la misma. Sería absurdo pensar que una vez el rollo hará sonar una canción y la siguiente vez otra.

Las imágenes mentales son igual de infalibles. No puedes mantener una imagen de fracaso y esperar que te guíe hacia el éxito.

He aquí un ejemplo: supón que estás abrumado por las deudas, y tu mente es del tipo negativo. ¿Cuáles son las imágenes mentales que verás? Visualizarás a tus acreedores denunciándote ante la justicia, que embargan tu salario y, debido a ello, que pierdes tu trabajo. Tales imágenes se harán realidad a causa de tu bloqueo mental: no ves el modo de obtener dinero con que pagar las deudas, y como consecuencia de ello tus acreedores emprenderán acciones contra ti. Tus problemas te hacen ineficaz en el trabajo, que finalmente acabarás perdiendo.

¡Muy bien! ¿Qué clase de imágenes mantendría una mente positiva bajo las mismas circunstancias? Tus imágenes probablemente te mostrarían pidiéndoles a tus acreedores un poco de paciencia, a fin de que puedas reunir tus fuerzas y encontrar algún modo de obtener el dinero extra que necesitas. Trabajarías más en tu ocupación actual, de forma que tu labor fuese reconocida y te diesen unos ingresos mayores. Solucionarías tu problema ateniéndote a las imágenes mentales positivas.

Ahora comprenderás la sabiduría de convertirte en tu propio editor mental de imágenes. Si una imagen negativa entra en tu mente, reemplázala lo más rápido posible por una positiva.

LA TELEVISIÓN MENTAL

Un fenómeno es un hecho; nuestra descripción de él es una teoría.

Esta verdad puede muy bien aplicarse a lo que voy a decir. Si golpeo la mesa con el puño, tu oído registrará un sonido. Eso es un fenómeno. Si intentases explicar lo que sucedió desde el momento en que el puño hizo contacto con la mesa hasta el momento en que el sonido llegó a tu oído, eso sería una teoría, que podría ser o no correcta.

Al hablar de la *televisión mental*, hablaré de ciertos fenómenos establecidos, pero mi explicación será teoría.

«¿Cómo puedo lograr el éxito a través de una actitud mental positiva cuando hay otros implicados?», se me pregunta a menudo; y es una buena pregunta.

Es cierto que nuestro éxito siempre depende de otros. Si uno pudiese controlar plenamente su éxito, el fracaso estaría fuera de lugar, pues uno solo haría aquello que promoviera el éxito.

El éxito de un individuo, si es empleado, dependerá de su jefe; si es un hombre de negocios, de sus posibles clientes.

Así que, como verás, las imágenes mentales de una persona, para ser efectivas, deben influenciar a otros igual que a uno mismo.

Si existe algún fundamento en las teorías del doctor J. B. Rhine concernientes a la percepción extrasensorial y yo definitivamente creo que así es, eso significa que, puesto que los pensamientos son imágenes, debe de haber una transmisión de esas imágenes de una mente a otra, o podríamos decir, una televisión mental.

En un estudio de televisión, las cámaras que están frente al sujeto no servirían de nada si no existiera una energía que lograse proyectar las imágenes por las diversas pantallas existentes por todo el país.

Para proyectar una imagen mental, también es necesario aplicar una energía —y esa energía es el entusiasmo.

Cuando tengas una imagen de éxito, y si esa imagen está respaldada por el entusiasmo, es muy probable que llegue a ser recibida por la persona que tiene que ver con tu éxito, quien actuará en consecuencia.

Permíteme que te cuente la historia de un hombre que había sido relegado al fracaso por imágenes mentales erróneas, pero luego fue catapultado al éxito gracias a las imágenes correctas. Este hombre, al que llamaré Joe Thomas, tenía un pequeño taller de maquinaria. Su equipo consistía en tornos, barrenas y varias herramientas de mano. Él realizaba el trabajo manual y su esposa atendía el teléfono y los clientes y llevaba los libros de cuentas. Los ingresos de Joe eran justo lo suficiente para cubrir sus necesidades.

Un día escuchó una emisión mía en la que hablaba de las imágenes mentales. Este fascinante tema hizo que reflexionara y mirara a su interior. Pensó en las imágenes mentales que había estado manteniendo respecto a sí mismo y su negocio. Admitió posteriormente, con cierto embarazo, que nunca había sido capaz de verse a sí mismo más que como un pequeño empresario. Siempre consideró que tener trabajo para ir tirando era todo cuanto podía esperar.

Entusiasmado por la lógica que había escuchado, comenzó a construir imágenes mentales de sí mismo poseyendo y dirigiendo una gran tienda de maquinaria. Relatar la historia completa de su ascensión ocuparía muchas páginas, pero baste decir que llegó el día —y con bastante rapidez— en que Joe Thomas estaba sentado en una oficina bien amueblada, dirigiendo el trabajo de setenta y cinco empleados. Lo último que supe de él es que había vendido su negocio por cerca de un millón de dólares, había hecho un viaje alrededor del mundo y estaba ahora buscando nuevos retos que conquistar.

Nada había cambiado en este hombre excepto sus imágenes mentales. Las condiciones del negocio no eran mejores que cuando manejaba su taller. Pero en el momento en que Joe empezó a *verse* a sí mismo como un gran propietario, su mente creativa lo guió en pensamiento y acción, hasta que se convirtió en ello.

«TODO LO QUE DESEÉIS...»

Hay un pasaje en los Evangelios que se ajusta muy bien al tema de este capítulo. Lo encontrarás en Marcos 11, 24:

Por lo tanto os digo, cualquier cosa que deseéis, si oráis, creed que la recibiréis, y la tendréis.

Esta afirmación les resulta a muchos difícil de creer. «¿Cómo puedo obtener así algo que no poseo?, preguntarán. Lo que esta afirmación te dice realmente es que deberías mantener las imágenes mentales de ti mismo *gozando del uso de aquello que deseas*. Si la estudias, descubrirás que no significa que por el simple hecho de visualizar tu deseo, te llegará instantáneamente, como por arte de magia. La cita bíblica dice: «creed que la recibiréis, y la tendréis». Esto quiere decir que el resultado de tu deseo llegará en una fecha posterior. Dicho brevemente: forma imágenes mentales de ti mismo utilizando aquello que deseas y disfrutando de ello; cree que la imagen es cierta y serás guiado en pensamiento y acción a hacer aquello que la convertirá en realidad.

Cuando pienses en lo que hasta ahora has leído, verás que lo que acabo de decirte no es diferente de lo que he estado señalando durante todo el libro. He utilizado simplemente la autoridad bíblica para respaldar la sensatez de los principios expuestos. He aquí una verdad que desearía subrayar: los principios relativos a las imágenes mentales se aplican por igual a los pensamientos negativos que a los constructivos y positivos.

Supongamos que tienes miedo de perder tu trabajo. ¿Qué clase de imágenes mantienes? ¿Te ves a ti mismo volviéndote más rico? ¡Seguro que no! Más bien te ves con dificultades económicas. Temes perder tu casa y tus muebles, y te preguntas cómo obtener alimentos para tu mesa.

Tales imágenes mentales te harán realmente más ineficaz en tu trabajo; cometerás errores y tus gestiones no serán de la mejor calidad debido a tu tensión mental. Y ¿cuál será el resultado? Es muy probable que tu jefe encuentre razones para prescindir de tus servicios.

EJERCICIOS

Muchas veces puedes intentar sostener imágenes positivas, e incluso creer que lo estás haciendo así; sin embargo, su efecto es destruido por una duda que se insinúa.

El primer ejercicio que te sugiero es que pienses en algún objeto que hayas anhelado, pero que nunca hayas conseguido por culpa de tus dudas.

A modo de ejemplo, supongamos que desde hace mucho tiempo ansías viajar a Hawai. Puedes no haberlo hecho por falta de dinero, de tiempo o por ambas cosas a la vez.

Visita una agencia de viajes, y pide folletos que describan e ilustren viajes a Hawai. Selecciona el que más te agrade.

Una vez decidido el recorrido que prefieres, empieza a verte a ti mismo haciendo ese viaje. No lo desees, sino *percíbelo* como una realidad. Conforme miras las imágenes del barco, visualízate disfrutando de los deportes en cubierta, o meramente relajándote en una de las confortables tumbonas.

Contémplate a ti mismo en Hawai saboreando una fruta tropical recién cogida, o tumbado en la playa absorbiendo los cálidos rayos de sol. No pases por alto el *Luau* (una famosa fiesta hawaiana). Haz la imagen mental tan vívida que, por un momento, seas realmente ciudadano del estado número cincuenta de los Estados Unidos.

Mientras llevas a cabo este ejercicio, asegúrate de no permitir que entren elementos negativos en tu imagen. Si, aunque sea solo durante un instante, comienza a insinuarse un pensamiento del tipo «¡cómo me gustaría que esto fuera cierto!», expúlsalo. Si no lo hicieras así eliminarías el bien ya construido mediante el ejercicio.

Gracias al ejercicio, el viaje está a punto de convertirse en realidad, sin duda alguna. Habrás visualizado las experiencias que pronto vas a gozar.

¿Qué sucederá? Tu mente creativa empezará a guiarte en pensamiento y acción de modo que se desplieguen ante ti diversas formas de hacer realidad las imágenes mentales que has construido. Pronto te encontrarás en el barco o en el avión frente a las islas de ensueño. Ya lo verás.

Pensemos en otro ejercicio. ¿Qué ocurre con la casa en la que vives? ¿Te gustaría otra más grande y mejor? Muy bien, este va a ser un ejercicio estupendo.

Visualiza el tipo de vivienda que querrías y su número de habitaciones. *Percíbete a ti mismo habitando realmente en una casa así.*

Recuerda el pasaje bíblico antes citado: «Cualquier cosa que deseéis, si oráis, creed que la recibiréis, y la tendréis». Mientras imaginas tu nueva casa, contémplala como una realidad, completa en todos sus detalles. Si deseas que tenga un estudio, añade uno a tu casa mental. Quizá tengas un *hobby* y te gustaría poseer un lugar dentro de tu hogar donde poder desarrollarlo. Puedes tenerlo —así que añádelo. ¿Una piscina? Sí, si ese es tu deseo.

Dado que es verdad que tu mente creativa trabaja mejor mientras tu mente consciente está agradablemente ocupada, o en suspenso, el mejor momento para ejercitarse es cuando disfrutas de una agradable diversión —o mejor aún, mientras duermes.

Convierte la práctica de los ejercicios en una costumbre que llevarás a cabo todas las noches justo antes de irte a dormir. Tras ponerte cómodo en la cama, relájate y «enciende» tus imágenes mentales. Permíteme que te advierta una vez más: no veas las imágenes como deseos, sino como realidades.

Si ha surgido algún problema durante el día, en lugar de mantenerte despierto preocupándote por él, hazte imágenes mentales de la solución del problema. Esto eliminará el insomnio y te ayudará a sumirte rápidamente en un tranquilo sueño, y mientras tu mente consciente se halla ausente, tu mente creativa trabajará en el problema, lista para traer una solución a la conciencia cuando despiertes por la mañana.

Te daré un ejercicio final antes de concluir este capítulo. Tiene que ver con la salud y el bienestar físico.

Mi sincero consejo es que comiences por hacerte un chequeo completo en la consulta de tu médico. Si encuentras algo que funcione mal, préstale la debida atención y los cuidados necesarios.

Muchas personas tienen una conciencia de enfermedad. Continuamente temen que algún nuevo mal esté desarrollándose en ellos. Sabiendo, como sabemos, que hay inteligencia en cada una de las células del cuerpo, las imágenes mentales de diversos tipos de dolencias transmitirán realmente el mensaje a tus células, con el resultado de que siempre sentirás dolores y molestias. Sostener imágenes mentales de enfermedad traerá a la existencia células más débiles durante el proceso de renovación celular.

Desarrolla imágenes mentales de una salud radiante. Percíbete a ti mismo encontrándote cada vez mejor en todos los sentidos. En lugar de buscar dolencias, advierte qué bien te sientes. Despierta por las mañanas con la sensación de felicidad por estar vivo. Piensa en lo agradable que será levantarte e iniciar de nuevo otro día de excitante actividad.

Anima a tu mente creativa a guiarte en pensamiento y acción, de modo que la buena salud sea una realidad, así como su merecida herencia. Junto con tus ejercicios nocturnos concernientes a tu objetivo, mantén imágenes de tu ser físico radiante de salud. Comprende que tu mente creativa te guiará a hacer lo necesario para gozar de buena salud, tanto en cuanto a dieta como en lo relacionado con el ejercicio físico, y que tendrás el optimismo y la vitalidad fundamentales para llevar a cabo los objetivos que estás visualizando.

Si has sobrepasado con creces lo que generalmente se acepta como la mitad de la vida, olvídalo. Mucha gente, cuando se aproxima a los setenta años, desarrolla una conciencia de edad. Sienten que son demasiado viejos para iniciar esto o aquello. Creo decididamente que cuando aprendamos a vivir y a pensar, la esperanza de vida del hombre no será de setenta años, sino que excederá con mucho los cien.

Yo mantengo que mi esperanza de vida es de ciento veinticinco años, y vivo de acuerdo con ello. Ahora que tengo más de setenta, me siento mejor, física y mentalmente, que en ningún otro momento de mi vida.

Quizá no viva hasta los ciento veinticinco, pero si de algo estoy seguro es de que no acortaré mi vida por temor a la muerte. Pretendo mantenerme ocupado y feliz hasta que el cosechador de la guadaña me llame.

Lo que has aprendido en este capítulo no es para uso temporal. Has aprendido un nuevo principio de vida. Has adquirido nuevas herramientas que te asegurarán tus logros y los harán de fácil consecución.

Como digo a menudo, *el conocimiento carece de valor si no se utiliza*. ¡Utiliza este nuevo conocimiento AHORA! Comienza a desarrollar la capacidad de crear imágenes mentales de lo que deseas, sin temor a dejar de conseguirlo.

Dominar esto será como convertirte en heredero de un inmenso almacén con todo lo que siempre has deseado, *sabiendo que todo eso es tuyo y que basta con que lo desees*.

15

TU BORRADOR
MENTAL

Hasta hora existen muchos medios efectivos de entrenamiento de la memoria, pero, por lo que yo sé, no hay ningún curso que le enseñe a uno a olvidar.

Un filósofo dijo una vez: «Son las memorias del pasado y el temor al futuro lo que hace tan difícil nuestro presente».

Una de las razones por las que resulta tan difícil mantener pensamientos positivos es nuestro recuerdo de las dificultades y los fracasos que hemos vivido. Si tu ruta ha sido tortuosa, es probable que se te presente un conflicto de imágenes mentales al tratar ahora de visualizar el éxito fácil. Tu recuerdo de desagradables situaciones del pasado puede tender a neutralizar las imágenes de éxito para tu futuro.

Entenderás ahora por qué es tan importante desarrollar tus facultades del olvido como la capacidad de recordar.

Volvamos a la afirmación hecha con anterioridad en este libro: ¡Tú ERES LO QUE CREES QUE ERES!

La impresión que tienes de ti mismo representa una acumulación de imágenes mentales adquirida a lo largo de toda una vida. Dado que el 95% de las personas se inclina hacia el lado negativo, es muy probable que tengas una impresión negativa de ti mismo, salvo que formes parte de ese afortunado 5% . En otras palabras, te consideras a ti mismo destinado a vivir una vida difícil; y por lo general, así sucede.

Si tuvieras un borrador mental y pudieras eliminar todas las imágenes desagradables y negativas, y luego reemplazarlas por otras positivas, tus años futuros serían de éxito y felicidad. Quizá debería decir «tus años futuros *serán* de éxito y felicidad», porque sé que no dejarás de utilizar rápidamente tu borrador mental, una vez que lo hayas obtenido.

Al sugerir que borres todas las imágenes mentales negativas, hay un punto que desearía aclarar. Las imágenes de tus experiencias pasadas desagradables deberían apartarse en tanto en cuanto afectan a tus actividades *presentes*, pero no deberán eliminarse de tus recuerdos.

Durante mi larga vida he tenido algunas experiencias amargas y he aprendido muchas cosas por la vía dura. Pero no querría desprenderme de esos recuerdos por nada del mundo. Ahora que soy capaz de dominar las situaciones y he obtenido un considerable éxito en mi vida, puedo apreciar más plenamente lo que tengo comparando mi presente con mi pasado. ¿Recuerdas al rico del que te conté que desearía haber sido pobre alguna vez?

Nos enfrentamos por tanto a este dilema: debemos retener las imágenes mentales de las experiencias pasadas a modo de comparación, pero tenemos que borrar las imágenes mentales negativas de modo que las positivas puedan tomar el mando. No parece demasiado fácil, ¿no crees?

Quizá el mejor modo de solucionar este problema sea tomar todas las imágenes de sucesos anteriores, particularmente los desagradables, y colocarlas en nuestros ficheros de recuerdo solo con fines de referencia. Editaremos entonces todas las nuevas imágenes y rápidamente rehusaremos aquellas que puedan tener un efecto negativo sobre nuestras vidas.

En otros tiempos, todo hogar poseía un álbum familiar. En él se podían encontrar fotos del abuelo con su gran bigote, y de la abuela con su sombrero. También había fotos infantiles de miembros de la familia ahora crecidos, sin ropa, tumbados boca abajo sobre una estera de algodón.

Ninguno de nosotros querría tener el aspecto de aquellos tiempos, pero es bonito conservar las fotos para poder comparar el pasado con el presente.

Ganarás con los errores pasados. Estoy seguro de ello. Si afrontas tu pasado en terminos positivos —en términos de «sí»—, todo mejorará significativamente. Esta importante palabra —«sí»— es el catalizador que unirá tus experiencias vividas con tus éxitos o fracasos futuros.

La debacle financiera de 1929, conocida como la gran depresión, demostró la sensatez de esta afirmación. Dos hombres, con los mismos medios antes de la crisis, ambos bastante acomodados, quedaron reducidos a nada desde el punto de vista económico. Uno de ellos tomó sus apuros muy en serio, y sintió tanta pena de sí mismo que terminó hundiéndose del todo. Nunca demostró ser lo bastante fuerte para ser capaz de salir de los abismos de la miseria.

El otro hombre, sin embargo, comprendió que no era el único que tenía dificultades. Sabía que mucha, mucha gente, en tan mala situación como la suya, sobreviviría. Hizo un estudio de las condiciones existentes y estimó cuál de las industrias se recuperaría primero. Y se involucró en esa industria. En un tiempo relativamente corto había vuelto a su anterior situación, bastante acomodada.

Haz una pausa y piensa acerca de estos dos hombres. ¿Por qué uno de ellos se hundió y el otro tuvo éxito? No había ninguna diferencia en sus situaciones externas. La diferencia estaba en su mente. Uno de ellos aceptó las imágenes mentales del desastre y, como aprendiste en anteriores capítulos, los pensamientos son imágenes y las imágenes son normas. No había nada que este hombre pudiera hacer salvo fracasar, puesto que se *vio* a sí mismo como un fracasado.

El otro hombre utilizó su borrador mental, eliminó las imágenes del desastre —excepto para poner una copia en su álbum mental, para los recuerdos futuros— y las reemplazó por imágenes de *acción* positivas y de éxito.

EJERCICIOS

En los ejercicios que siguen, empezarás a *pensar en el pensamiento*. Esto puede parecer extraño a primera vista, pero conforme *pienses en el pensamiento*, experimentarás una gran revelación. Comenzarás a obtener un vislumbre del gigantesco depósito de poder que tienes a tu disposición.

Tienes que ser muy crítico con las imágenes de pensamiento que permites que entren en tu mente. Cada vez que encuentres una imagen en tu conciencia que tenga alguna conexión con el fracaso, la enfermedad o el pesimismo, elimínala. Por ejemplo, si estás a punto de tener una cita con un hombre con quien esperas hacer un trato provechoso y te llegan imágenes en las que te preguntas si recibirá tu proposición de modo favorable, reemplázalas por imágenes entusiastas, que le plasmen en total acuerdo con tu oferta. Si la oferta le puede beneficiar, es muy probable que responda como deseas.

Durante muchos años importantes compañías acudieron a mí para que entrenase a sus vendedores, y todavía lo hago en algunas ocasiones. Durante una clase, hablé acerca del tipo de imágenes mentales que un vendedor debería mantener justo antes de llamar a un posible cliente.

Urgí a los asistentes a abordar al posible cliente con imágenes mentales de que era amistoso y especialmente receptivo a la visita. Esto es bastante diferente a las imágenes mentales que sostienen la mayoría de los vendedores, particularmente los más novatos. Estos hombres suelen aventurarse a la oficina del posible cliente preguntándose si se les concederá una entrevista y si es así, si se los escuchará favorablemente.

Un ejecutivo de una agencia de publicidad me contó una fascinante historia sobre lo que aprendió en mi charla.

—Francamente, no esperaba obtener demasiado del curso —comentó—, pues estaba bastante satisfecho con mi capacidad como vendedor. Seguí el curso meramente para servir de ejemplo a mis subordinados. Pero ¡vaya despertar que tuve! Probé su idea de la imagen mental al buscar nuevos clientes, y gracias a ello hice muchas más ventas que nunca. Mi negocio aumentó a pasos agigantados.

Como un ejercicio más, piensa en este libro como mucho más que un mero libro. Piensa en él como en la clave, en el «Ábrete Sésamo» que te llevará hacia una vida más abundante. Permítete a ti mismo entrar realmente en una efervescencia de entusiasmo a medida que las páginas apuntan hacia nuevos senderos, hacia nuevos logros. Muéstrate ansioso por probar que los principios aquí delineados serán igual de efectivos para ti que para otros.

¡Cuidado con el pensamiento caprichoso! Meramente desear que este libro te ayude no te llevará a ninguna parte. Acabarás diciendo: «Lo leí y no saqué nada en claro», y será verdad. Las cosas empiezan a suceder cuando las *ves* sucediendo. Esta afirmación, por supuesto, se refiere tanto a lo bueno como a lo malo. Si *ves* algo horrible sucediendo, estás dirigiendo tu poderosa mente creativa a que haga realidad esas imágenes. Da gracias, sin embargo, a que lo contrario también es cierto. Cuando ves algo *bueno* sucediendo, estás dirigiendo tus fuerzas para que esas imágenes se hagan realidad.

¡Piensa en el pensamiento! Haz esto y pronto comprenderás por qué la gente es como es. Cuando te encuentres con un «nunca lo hago bien», estudia su tipo de pensamiento. Descubrirás invariablemente que sus circunstancias reflejan ese pensamiento: piensa en términos de «no puedo», busca toda suerte de pretextos para justificar por qué no hace las cosas mejor y, desgraciadamente, en la mayoría de los casos cree que sus pretextos son razones en lugar de excusas.

Pasa algún tiempo con un hombre decidido. Estudia su tipo de pensamiento. Él, en lugar de presentar excusas, muestra resultados. Si se le presenta un problema, en lugar de sentirse como víctima, se preguntará a sí mismo: «¡Veamos!

¿Cómo puedo dominar esta situación?», Y lo hará, porque mantiene imágenes mentales de acción exitosa. Su mente creativa le guía en pensamiento y acción, y de este modo soluciona su problema. Imagina su satisfacción. Un hombre así encuentra el juego de la vida mucho más emocionante que ningún otro juego en el que pudiera participar.

«¡HAZTE RICO MIENTRAS DUERMES!»

Por favor, perdona todas las repeticiones, pero quiero que seas tan consciente de ciertos principios que lleguen a formar parte de ti.

El momento de irte a la cama es un momento excelente para llenar tu mente de imágenes constructivas. Borra todas aquellas que pudieran haber entrado en tu conciencia motivadas por las experiencias de la jornada. Vete a la cama con imágenes mentales de las *grandes* cosas que sucederán al día siguiente.

Sé consciente de que mientras duermes, tu mente creativa recibirá la información necesaria para guiarte en pensamiento y acción, de modo que al despertar lo harás en la certeza de estar empezando un día importante y exitoso. Evita los pensamientos positivos *inversos*. A veces una afirmación positiva puede ser negativa en sus resultados.

Por ejemplo, supón que estás siguiendo una rutina para superar la timidez. La instrucción «superaré mi timidez» es una afirmación positiva, pero crea una condición negativa. Recalca el hecho de que eres tímido y hace tu problema todavía más real. Para superar tu timidez, afirma que te gusta la gente y que te agrada hablarles. ¿Ves? No hay nada negativo en una afirmación así.

Al formar imágenes mentales, deberías *verte* a ti mismo entre la gente y gozando de su compañía. Si tienes la costumbre de hablar con tus amigos de tu timidez, deja de hacerlo, ya que de otra manera solo empeorarás tu situación. Muéstrales a tus amigos —con tus acciones, no con palabras—, que tu timidez se está convirtiendo en algo del pasado.

He aquí una buena fórmula que puedes seguir en la creación de imágenes mentales que no reaccionen de manera negativa:

Imagina la situación que deseas, no la que estás intentando superar.

Decir «no fallaré» es negativo; decir «tendré éxito» es positivo. De la misma forma, el pensamiento «no estaré enfermo» es negativo, mientras que «cada vez estoy mejor» es positivo.

Supón que afrontas una situación tan mala que te es imposible visualizar aquello que deseas. ¿Qué puedes hacer en ese caso?

Por ejemplo, imagina que se te ha acabado hasta el último centavo y los acreedores te están apremiando. Te resulta difícil mantener imágenes de ti mismo libre de esta situación. Cuando tratas de formar imágenes en las que ya te has recuperado, las imágenes negativas no dejan de entrometerse. ¿Qué hacer entonces?

¡Fácil! En lugar de visualizarte a ti mismo con tus problemas solucionados, mantén imágenes en las cuales te veas logrando la solución de tus problemas. Percíbete a ti mismo guiado hacia aquello que deberás hacer para superar las dificultades. Una sorpresa te estará aguardando al despertar. Antes de que desayunes, las ideas empezarán a afluir en tu conciencia, y hallarás esa solución que tanto anhelabas.

En busca de pruebas que apoyasen la exactitud mis palabras, llamé a un hombre que había estado al borde del desastre económico y le pregunté qué hizo para afrontar tal debacle.

—Parecía ir de cabeza a la ruina financiera —comentó mientras miraba por su ventana—. No podía mantener imágenes mentales de mi problema solucionado. Pero un día recordé haber leído esta frase: «Todo problema tiene una solución, de lo contrario no sería un problema». Y me venía como anillo al dedo. Esa noche, al acostarme, en lugar de requerirle a mi mente creativa una solución, le pedí una guía para hallar la solución. La mañana siguiente, mientras desayunaba, las ideas empezaron a fluir en mi mente consciente, diciéndome justo qué podía hacer para solucionar mis numerosos problemas.

»Los pensamientos eran tan fáciles de entender que no tuve duda alguna en cuanto a su efectividad. Los puse en práctica y funcionaron tan rápidamente que en casi nada de tiempo estaba sentado en la cima del mundo. Resulta sorprendente lo rápido que pasé de las deudas a los beneficios. Desde entonces dejo que mi mente creativa me guíe en cada paso que doy.

Otro caso que me gustaría ilustrar es el siguiente: un desanimado obrero me preguntó en una ocasión:

—Quiero ganar mucho dinero, y rápido. Apenas cobro lo bastante para mantener a mi familia decentemente. ¿Cómo puedo salir adelante?

Le dije a este hombre que mantuviera imágenes mentales de sí mismo en una situación acomodada, y que borrase la imagen que había sostenido hasta entonces, de estar atrapado en un trabajo ordinario.

La secuencia de acontecimientos que siguieron a su cambio de imágenes mentales forma una interesante historia. Su primer paso adelante fue la oportunidad de comprar un terreno en condiciones altamente favorables. Sabía que su ciudad estaba creciendo en la dirección de esa propiedad, y que habría de aumentar su valor.

Guiado por su mente creativa, pidió un crédito y adquirió el terreno, que solo tuvo un tiempo antes de venderlo y conseguir un beneficio de veinte mil dólares. Luego se le presentó otro terreno, e invirtiendo en él sus veinte mil dólares, también se hizo con él. Esta propiedad era lo bastante grande para poder dividirla en parcelas residenciales. Eso es lo que hizo, con lo que logró un beneficio total de doscientos diez mil dólares. Sería un desperdicio de espacio seguir con esta historia, pues ya debes de saber el resultado. Este hombre consiguió gran cantidad de dinero y muy rápido.

El alcance de tu éxito depende enteramente de la claridad de tus imágenes mentales.

Si puedes tomar tu borrador mental y eliminar las imágenes de duda y frustración, para reemplazarlas por otras que muestren la situación que desearías tener, y si tienes fe suficiente para saber que puedes conseguirlo, ¡atención!, pronto empezarán a ocurrir cosas importantes.

No abandones este capítulo demasiado deprisa. Practica los ejercicios que te he dado, con la seguridad de que los resultados te elevarán a cualquier altura que desees.

16

CÓMO FORMARSE UNA CONCIENCIA DE ÉXITO

«Antes de que el éxito se manifieste, es necesario pensar en términos de éxito». Este es el primer lema que escribí tras ser consciente del *dominio de la mente sobre la materia*.

Todos los capítulos de este libro están escritos para grabar en ti el hecho de que cualquier logro comienza siempre con el pensamiento. Pero no basta con saber esto; deberíamos aprender *cómo* formarnos una conciencia de éxito.

A modo de ejemplo muy simple, pensemos en un delicioso pastel. Las capas de crema y bizcocho, el tostado de la parte de arriba, saben tan deliciosos que se requiere mucha destreza culinaria para hacerlo; pero si examinas la receta y ves que has de emplear tantas tazas de esto, una cucharada de aquello, etc., comprobarás que siguiendo cuidadosamente las instrucciones no hay en ello misterio alguno.

Una auténtica conciencia de éxito no significa que *podrías* tener éxito, sino que es una *clara y definida promesa de éxito.*

La conciencia de éxito es ese estado de la mente en el que no puedes verte a ti mismo más que encarnando el éxito.

¡Recuerda esto! Comprende que es verdad, porque lo es, como la siguiente historia te demostrará:

Un amigo mío pasaba frecuentes ratos conmigo en mi taller de bricolaje. Me recordaba constantemente que no era nada habilidoso con las herramientas y que le resultaría imposible construir lo que me había visto hacer a mí.

Un día me propuse demostrarle lo equivocado que estaba. Tomé los planos de un armario y los diseccioné.

—Este plano dice que necesitamos seis piezas de cuarenta y cinco centímetros de largo por treinta de ancho y dos y medio de grosor. ¿Podrías agarrar un madero y cortarlas de acuerdo con estas medidas? —le pregunté.

Sin vacilación, admitió que podría. Luego mencioné el tamaño de las otras partes del armario y le pregunté si podría cortarlas así. De nuevo contestó afirmativamente. Así, fui paso a paso y él estuvo de acuerdo en que ninguno de ellos era difícil.

El resultado de este experimento fue que se marchó a su casa y construyó un armario realmente bueno. Ahora tiene un cuarto repleto de herramientas y su hogar muestra en todas las habitaciones evidencias de sus trabajos de bricolaje. Tan pronto como consiguió una conciencia de éxito respecto al trabajo con la madera, se volvió eficiente.

La conciencia de éxito te conducirá al éxito en cualquier dirección. Si tus deseos incluyen el logro de una seguridad económica, por ejemplo, una conciencia de éxito te conducirá justo ahí.

LA FÓRMULA PARA FORMARSE UNA CONCIENCIA DE ÉXITO

Si te dispusieras a hacer una pausa ahora mismo y releyeras este libro antes de proseguir, serías capaz de escribir la fórmula para formarte una conciencia de éxito. Pero, para tu comodidad, te la daré aquí, paso a paso:

1. Sé consciente de que cualquier cosa que otro haya conseguido, puedes tú conseguirla también.

Lee la historia del más grande industrial del mundo, Henry J. Kaiser, y comprobarás que empezó su vida en circunstancias muy humildes. No heredó nada, sino que acumuló él mismo su fortuna.

¿Dijo alguna vez Kaiser: «Me pregunto si seré capaz de hacer esto?». ¡No! Primero desarrolló una conciencia de PUEDO; luego, una determinación de LO HARÉ. El resultado, como sabes, fue un imperio industrial admirado en todo el mundo civilizado.

Sus mayores logros llegaron en sus últimos años de vida. Hoy en día, al escribir esto, está ya cerca de los ochenta y todavía continúa con su trabajo constructivo, lo que demuestra que la edad no es una barrera para el hombre que posee el espíritu de «PUEDO Y LO HARÉ».

Así que, para crear una conciencia de PUEDO, graba a fuego en tu mente estas cinco letras: P-U-E-D-O. Evita el uso de las palabras «esperanza», «deseo» e «intentar», y subraya la palabra PUEDO.

Cada vez que veas los logros de otro, en lugar de pensar rápidamente «NO PUEDO», *sé consciente* de que, si lo deseas, eres capaz de conseguir lo mismo. Incluso si en este momento no te parece que sea del todo verdad, haz la afirmación. Pronto descubrirás que tu mente, en lugar de cerrarse con el sentimiento negativo de que la tarea se encuentra más allá de sus posibilidades, empezará a entender lo simple que será conseguir la proeza en cuestión.

2. Crea una actitud de LO HARÉ. Tan pronto como consigas un objetivo que sabes que te ayudará a conseguir otro objetivo más elevado, ponte manos a la obra, en lugar de dejarlo para un mañana que nunca llega.

Muchas personas tienen una conciencia de PUEDO, pero no empiezan nunca. Tienen innumerables razones por las que sería mejor comenzar en una fecha posterior. Quizá si entendemos algunas de las razones que las empujan a la demora, veremos que hay motivos para ella.

Iniciar una tarea requiere más esfuerzo que continuarla una vez que está en marcha. Al principio has de pensar lo que vas a hacer y cómo hacerlo. Debes considerar los útiles que necesitas para el trabajo, dónde se hallan y cómo obtenerlos. Una vez dados estos pasos, se tarda un tiempo en coger el ritmo. Esto le hace a uno perder mucho tiempo pensando *sobre* el trabajo antes de empezarlo. Esta etapa de reflexión puede durar minutos, horas o incluso días, y a veces los días se convierten en meses o años, por lo que resulta muy fácil venirse abajo.

En cierta ocasión estaba a punto de hacer un pequeño trabajo cuando, sin una buena razón, lo pospuse hasta el día siguiente.

Al día siguiente, cuando mi conciencia empezó a preocuparme por el aplazamiento, se me ocurrió que si hubiera hecho el trabajo el día anterior, ya lo habría terminado y mi mente se habría liberado de él. «Puesto que el tiempo marcha hacia adelante —pensé—, ¿no sería mejor detenerse mentalmente en el momento de finalizar el trabajo en lugar de en el momento del comienzo?». De este modo tu mente pensaría en el final feliz, en lugar de en el laborioso principio.

Utilizo este principio incluso con el dentista. Cuando tengo una cita con él, no pienso en el dolor que experimentaré, sino en el momento en que abandonaré el sillón, muy aliviado.

3. Ten un objetivo muy definido. Está muy bien que sepas que PUEDES hacer cosas —y que las harás—, pero ¿qué pretendes hacer? Debes saber exactamente qué es lo que deseas lograr para hacer tu vida más exitosa, feliz y saludable. Cuando hayas llegado a ese punto, estarás listo para el siguiente paso.

4. Desarrolla una actitud de «hay que hacerlo ahora». Una vez que hayas analizado tu objetivo, y que compruebas que PUEDES hacerlo y que LO HARÁS, lo siguiente es aplicar la actitud de «hay que hacerlo ahora», ¡Y, POR SUPUESTO, HACERLO!

¡TIENES CONCIENCIA DE ÉXITO!

Tras aceptar lo anterior como un hecho, *tienes* la conciencia del éxito. Disfrutarás con el hecho de ser dueño de las circunstancias. Ya no te dominarán ellas a ti.

Ed Roberts había sido conserje de una escuela durante mucho tiempo. Su paga era apenas suficiente para cubrir las necesidades de su esposa e hijo, y esperaba seguir con esa rutina el resto de su vida, pues creía carecer de la preparación necesaria para un mejor trabajo. Un día un vendedor trató de venderle un pulidor eléctrico de suelos.

—Oh, nunca podría pagarlo con mi salario –vaciló.

—¿Por qué no gana más dinero? –le preguntó el vendedor deliberadamente.

Miles de pensamientos corrieron por la mente de Ed, todos al mismo tiempo. «Sí, ¿por qué no gano más dinero?», se preguntó a sí mismo. Pensó en tantos sin mejor preparación, pero a quienes les iba mucho mejor. Una luz comenzó a brillar en su mente, conforme pensaba en todas las posibilidades que había a su alcance, que estaban no solo mejor remuneradas, sino que también eran más satisfactorias.

Durante varios días el comentario hecho por el vendedor –«¿Por qué no gana más dinero?»–, lo acosó. Se hallaba estimulado interiormente. Ed empezó a desarrollar una conciencia de éxito conforme se decidía sobre un objetivo, uno que sabía que *podría y querría* poner en práctica. En lugar de ser siempre un mandado, decidió ser el que llevase las riendas.

Empezó por invertir los pocos dólares que tenía ahorrados en un pequeño edificio de apartamentos de cuatro viviendas. Él y su familia vivieron en un apartamento y alquilaron los otros tres. El alquiler no solo cubría todos los pagos del edificio, sino que dejaba un poco para una nueva vivienda.

Lo último que supe de Ed Roberts es que había dejado su trabajo de conserje y adquirido un edificio de apartamentos mucho mayor.

Los ingresos de este hombre han aumentado considerablemente, y puedo predecir con seguridad que no pasará mucho tiempo antes de que pueda ser catalogado entre los que hacen bien las cosas. Este notable cambio se produjo una vez que adquirió la conciencia de éxito y que *supo* que podía lograr su sueño.

Si ahora un vendedor visita a Ed, este no necesitará preguntarse a sí mismo: «¿Puedo pagarlo?». En lugar de eso, se preguntará: «¿Lo quiero?».

Una de las grandes instituciones crediticias afirma que solo una de cada cuatro nuevas compañías sobrevive a su primer año de funcionamiento.

Las razones que podrían explicar la mayoría de los fracasos son muchas, pero mi suposición es que la mayor parte de los que emprendieron las empresas que fracasaron no empezaron con conciencia de éxito, sino con la *esperanza* de ganar dinero. Los que tuvieron éxito, por el contrario, comenzaron *sabiendo* que darían la talla.

Volviendo a alguno de los principios que ya hemos visto, recordemos que cuando uno inicia algo con conciencia de éxito, es *guiado* a tener los pensamientos y a llevar a cabo las acciones que lo llevarán al éxito.

Cuando lo que nos mueve es la mera ansia, nuestra mente creativa nos guía en pensamiento y acción a realizar aquello que trae el fracaso. ¡Ansiar es negativo! No ansiamos lo que *sabemos* que podemos obtener.

Una vendedora de audífonos dijo que trabajaba muchísimo para poder vender tres aparatos a la semana. Tras asistir a una charla dedicada a la conciencia del éxito, declaró que de entonces en adelante iba a vender al menos cinco. A la siguiente semana, vendió seis aparatos, y desde entonces tuvo una media de cinco a seis audífonos a la semana, y además aseguraba con entusiasmo:

—No estoy trabajando tan duro como antes.

Un publicista hacía buenos anuncios, pero le suponía mucho esfuerzo. Luchaba durante horas para crear algo que pudiera considerar pasable. Muchas veces tenía que volver a escribir un anuncio una y otra vez antes de sentirse satisfecho con él.

Como yo también había sido publicista con anterioridad, este hombre me preguntó si había algo que pudiera hacer para aligerar su trabajo.

—¡Haz que tu mente creativa trabaje para ti! –le sugerí de inmediato.

Al principio no entendió qué era lo que pretendía decirle, hasta que se lo expliqué mejor. Admitió que le gustaba escribir anuncios, pero que realmente le daba miedo. Abordaba los encargos con la sensación de que serían difíciles –y siempre terminaban siéndolo.

—Fórmate una conciencia de éxito respecto a tu trabajo –le expliqué–. Si te grabas en la mente pensamiento: «Me gusta redactar anuncios, es fácil y agradable», advertirás una notable diferencia.

No pasó mucho tiempo antes de que este publicista estuviese haciendo el doble de anuncios que antes, y de mucha mejor calidad.

—Los pensamientos fluyen tan rápido que no alcanzo a ponerlos en el papel –declaró apasionadamente.

Para quienes conocen algo sobre el funcionamiento de la mente, esto no es ningún milagro. Si mantienes el pensamiento de que cierta tarea será difícil, tu mente creativa lo aceptará como una instrucción y realmente *hará* que la tarea sea difícil.

Si, en cambio, disfrutas de un cierto trabajo y sabes que te resultará fácil, tu mente creativa aceptará este pensamiento como instrucción y te guiará a hacer tu labor de una manera rápida y eficiente.

Una vez fui el autor de un curso por correspondencia para redactar cartas comerciales. Una de las lecciones estaba dedicada a la formación de la conciencia de éxito en conexión con las cartas que había que escribir. Se les dijo a los estudiantes que al redactarlas deberían *saber* que serían guiados a escribir el tipo de carta que lograría los mejores resultados.

Una revista hizo un concurso en el que ofrecía premios a las mejores cartas remitidas. Uno de mis estudiantes ganó el primer premio y otro, el tercero, pero esto fue solo una pequeña parte de la historia. Muchos de aquellos estudiantes obtuvieron trabajos excepcionalmente buenos, por su capacidad de redactar cartas capaces de lograr resultados.

He aquí una vez más la aplicación del mismo principio. Atente al pensamiento de que *puedes* escribir buenas cartas, y *lo harás*. Mientras realizaba este capítulo, un joven me llamó por teléfono y me dijo que se había matriculado en la

Universidad de California, en Berkeley. Estaba preocupado, sin embargo, porque le faltaba capacidad de concentración. Temía no sacar buenas notas.

Con lo que has leído hasta ahora, ¿no podrías aconsejar a este chico? ¡Ciertamente! Le dirías que se formase una conciencia de éxito respecto a su capacidad de concentración, sosteniendo el pensamiento de que poseía esa capacidad y que podía mantener un pensamiento en su mente hasta que no lo necesitase más. Creo que lo ayudé, pues al acabar mi explicación me dijo:

—Entiendo lo que quiere decir, y de ahora en adelante me veré como alguien capaz de concentrarme.

¿No ha sido emocionante este capítulo? ¿No te ves ahora como dueño de todas las circunstancias? ¿Tienes claro que eres como piensas que eres y que si no has estado sacando de la vida todo el provecho que podrías haber logrado, no puedes culpar a nadie más que a ti mismo?

¿Qué pensarías de una familia que se estuviera muriendo de hambre y, al mismo tiempo, poseyera gran cantidad de alimentos? Esta pregunta, naturalmente, te parecerá ridícula, salvo que caigas en la cuenta de que mucha gente está haciendo precisamente eso. Poseen todo lo que necesitan para lograr la salud, la riqueza y la felicidad, y sin embargo, al no hacer uso de sus poderes internos, no disfrutan de las muchas bendiciones que podrían ser suyas.

HAZTE RICO MIENTRAS DUERMES

Cuando emplees los principios que te he dado y los que te voy a dar, no subestimes el hecho de que tu mente creativa opera mejor mientras la mente consciente está agradablemente ocupada o en suspenso, es decir, dormida.

Es muy beneficioso que mantengas positivos tus pensamientos durante el día, pero los mejores resultados vienen de implantarlos en tu mente justo antes de irte a dormir.

Conforme te acuestas, medita sobre el tipo de conciencia de éxito que deseas lograr. Si quieres convertirte en escritor, atente al pensamiento de que eres un buen escritor y de que, en tu trabajo, serás guiado a desarrollar correctamente el tema de los artículos que pretendes escribir.

Si tu objetivo fuera el dinero, no lo *desees* meramente. Sé consciente de que serás guiado en pensamiento y acción hacia la consecución de tu objetivo. Si implantas los pensamientos de éxito sin duda alguna en tu mente, te asombrarás de ver lo fiel que te será tu mente creativa.

¡PRACTICA! ¡PRACTICA! ¡PRACTICA!

El conocimiento no tiene ningún valor hasta que se utiliza. En lugar de estar de acuerdo conmigo respecto a las ideas desarrolladas hasta ahora, dales una oportunidad de trabajar para ti. No abordes su práctica con una actitud de «me pregunto si funcionarán». Funcionan con otros —y también lo harán contigo.

«¿Solo puedo practicar con un objetivo a la vez?», puedes preguntar. ¡Afortunadamente, no! Esta es una situación en la que puedes tener muchas «sartenes en el fuego».

Puedes empezar a desarrollar una conciencia de éxito en lo relativo al dinero y al mismo tiempo a formarte la conciencia de que tienes gran talento en cualquier área que escojas.

Si tu personalidad no es lo que podrías desear, comienza a formarte una conciencia de éxito que te guiará a tener los pensamientos y realizar las acciones que harán a tu personalidad más magnética.

Antes de empezar el siguiente capítulo, haz una pausa. Revisa mentalmente lo que has leído en este. Si no recuerdas con claridad su contenido, léelo de nuevo.

Sería imposible valorar lo que acabas de aprender. No te permitas perder ni un ápice de ello.

17

DESCUBRIENDO LA
LEY DE LA ABUNDANCIA

Fue después de un largo invierno, cuando los diminutos capullos estaban empezando a arrojar un tinte verde sobre los yermos árboles, cuando se me reveló una importante verdad.

Los seres humanos están inclinados a ser egoístas; temen compartir cualquiera de sus posesiones, ya que piensan que no serán capaces de reemplazarlas. La naturaleza, por el contrario, da constantemente sin pedir nada a cambio. Los árboles no temen perder sus hojas en otoño, aunque podrían no retornar en primavera.

¿Has oído alguna vez de una criatura viviente de cualquier tipo que, viviendo en su hábitat natural y sin que se haya producido una catástrofe, haya muerto de hambre?

En el capítulo 8 te indiqué que el dinero no compra nada más que trabajo: dinero para el trabajo de arrancar materias primas de la Tierra y el trabajo de convertir esas materias primas en productos elaborados.

No hay escasez de materias primas. La Tierra siempre está dispuesta a dar generosamente sus reservas de minerales y vegetales. No hay escasez de trabajo para obtener las materias primas y convertirlas en productos manufacturados. «Si esto es cierto, ¿por qué la gente tiene tantas dificultades para adquirir productos? ¿Por qué les falta dinero?», preguntarán muchos. Ahorran dinero en lugar de adquirir productos; esa es la respuesta. El ensayista inglés James Howell dijo: «La riqueza no es de quien la tiene, sino de quien la disfruta».

Si se mantuviera en circulación todo el dinero existente todos tendrían lo suficiente no solo para cubrir sus necesidades básicas, sino también para disfrutar de un buen número de lujos.

Una afirmación así suena a utopía, pero pese a lo buena que parece, no estoy seguro de estar a favor de ella.

¡El incentivo desaparecería! Estaríamos inclinados a hacer justo lo suficiente para ganar nuestro sueldo —y nada más.

Son los hombres de visión quienes construyen estados, industrias, ciudades, quienes mantienen las ruedas del progreso en movimiento e inspiran a otros a hacer lo mismo.

Existe una ley de la abundancia, y la cantidad de bienes que adquiriremos se halla en proporción directa con la altura a la que elevemos nuestras miras.

Las estadísticas muestran que únicamente el 5% de la población tiene éxito desde un punto de vista económico. Esta cifra resultará descorazonadora para quien tenga una mentalidad negativa, pero para los demás resultará estimulante. A ti, que estás formándote una actitud positiva, te mostrará cuánto espacio libre queda en la cumbre —y con tu determinación de LO HARÉ, la alcanzarás.

¡Simplemente piensa en las probabilidades que tienes a tu favor! Si te dispusieras a hacer una prospección en busca de oro o cualquier otro metal precioso, buscarías una zona donde las indicaciones superficiales señalasen que se *podría* encontrar el mineral buscado. Emplearías mucho tiempo y considerable dinero en determinar si tu *suposición* era correcta.

Al intentar sacar provecho de la ley de la abundancia, empiezas con el conocimiento de que la clave de todo reside dentro de tu propia mente. Lo que extraigas de la fuente de la abundancia es algo que depende por entero de la conciencia de éxito que hayas desarrollado.

Si lo que deseas se encuentra más allá del ámbito de lo posible y no puedes imaginarte poseyéndolo, te hará poco bien esforzarte por ello. La duda que albergas en tu mente vencerá.

Tras una de mis charlas sobre la ley de la abundancia en una gran ciudad del medio oeste, un joven se me acercó y con gran entusiasmo admitió:

—Siempre he *deseado* ser rico, pero bajo el deseo tenía la sensación de que las riquezas nunca estaban destinadas a mí. Tras esta charla suya sé que puedo ser rico, y no pararé hasta que mi cuenta bancaria señale al menos un millón de dólares.

Este chico no tenía nada de dinero y carecía de proyectos, pero de algún modo creí en él. Su sinceridad y sus ademanes confiados me hicieron pensar que no estaba fantaseando.

Menos de dos años después de nuestro primer encuentro, me llamó y me invitó a comer a su club. Fue entonces cuando me reveló que su fortuna personal había pasado del millón de dólares... y seguía ascendiendo.

No soy tan afortunado con todas las personas que asisten a mis charlas. Todos están de acuerdo conmigo en que *quisieran* tener riquezas, pero pocos son capaces de captar la verdad de que pueden ser suyas y lo serán tan pronto como *crean* que pueden ser ricos.

Recuerdo el caso de otro hombre que vino a mí con el entusiasta comentario de que ahora podía ver la luz y de que iba a ser millonario. Más tarde vino a mí de nuevo y se jactó del hecho de que, a través de su nueva actitud mental, había casi doblado sus ingresos.

—¿Ya eres rico? —le pregunté con cautela.

—No exactamente —respondió con voz firme—. Sería demasiado esperar riquezas en tan poco tiempo.

La fe de este hombre no iba más allá de un aumento de sueldo. Quizá *trataba* de creer que podía ser rico, pero carecía de fe suficiente.

—Muy bien, si un cambio de actitud mental pudo doblar tus ingresos, ¿no has crecido ya mentalmente hasta el punto de poder verte a ti mismo siendo realmente millonario? —le pregunté.

Me dio una rápida respuesta afirmativa, y aunque no le he vuelto a ver, estoy seguro de que cuando nos volvamos a encontrar estaré saludando a un hombre realmente próspero.

Un joven de Florida amasó una fortuna superior al millón de dólares, pero, a través de inversiones equivocadas, pronto la perdió toda. Aunque estaba triste por su pérdida, no se desanimó. Su razón le dijo que todavía poseía la misma capacidad que cuando acumuló sus riquezas y, además, mucha más experiencia. Empezó de nuevo, y hoy pertenece de nuevo al «club de los millonarios».

La idea dominante de este capítulo es la de hacerte creer. Podrías decir, con la boca pequeña, que crees, pero... ¿de verdad crees?

No sé si has oído la historia del cura que pasó unos días con una familia de su congregación. Durante la comida el tema de conversación fue la fe.

—¿Cree usted, como dice la Biblia, que la fe puede mover montañas? –preguntó el cabeza de familia.

—Sí, lo creo –dijo el cura, tras reflexionar calmadamente.

—Muy bien, esta noche me iré a dormir con la creencia de que la montaña que hay frente a nuestra casa se habrá ido por la mañana.

A la mañana siguiente miró ansioso por la ventana, y al ver todavía la montaña, se jactó:

—¡Sabía que no se iría!

Muchas veces lo que creemos que es fe no son sino ilusiones que nos hacemos. Sinceramente *tratamos* de creer, pero el patrón de duda que hay en nuestras mentes, establecido durante largo tiempo, se atraviesa y neutraliza los pensamientos que confiamos en convertir en creencias.

Puede parecerte extraño, pero son muchos los casos en que una persona se resiste subconscientemente a los pensamientos positivos que trabaja conscientemente. Esto suele ocurrir a causa de algún tipo de complejo de culpabilidad. Es posible que haya pecado en algún momento y crea que no se merece lo mejor de la vida. Bajo tales condiciones, cualquier intento por destapar la siempre presente fuente de la abundancia será inútil.

EL SENTIMIENTO DE CULPA

¿Debería alguien que ha pecado abstenerse del éxito y la felicidad? Si la respuesta fuera sí, no habría mucha gente feliz y con éxito, pues ¿quién puede honestamente decir que nunca ha pecado en ningún modo?

He aquí una pregunta que me gustaría hacer: cuando uno se priva de algo a causa de un pecado cometido, ¿está ayudando a alguien? La respuesta, desde luego, es no.

Si vas por la vida como un fracasado, no se te puede considerar un buen proveedor para tu familia. Tampoco ayudas económicamente a tu comunidad porque, si eres un fracasado, no puedes ser un buen cliente en los negocios que frecuentas.

Si, a través de la introspección, descubres que has estado alimentando un sentimiento de culpa, decídete a sacar provecho de ello. Te beneficiarás en lo que concierne a tu conducta futura, e incluso harás todo lo que puedas para impedir que otros cometan los mismos errores que tú. Hacer esto significará realmente que tus errores han resultado una bendición para la humanidad.

Aclarar tu conciencia de los elementos que han estado perturbándola te permitirá tomar hacia ti mismo una actitud enteramente diferente. Considerarás entonces el éxito y la felicidad como tu merecida herencia.

Te pondré como ejemplo el caso de un hombre que había intentado suicidarse dos veces. Lo convencieron para que acudiese a un psiquiatra, quien, investigando en su vida anterior, hizo un interesante descubrimiento: a los veinte años, este hombre contrajo fuertes deudas y en lugar de tratar de pagarlas, se trasladó a otra ciudad.

Cuando el psiquiatra le dijo que no era demasiado tarde para enmendar lo hecho y pagar a esos viejos acreedores, el paciente aseguró que habían pasado tantos años que había olvidado a la mayoría de ellos, y además, ya no podría encontrar a los que recordaba.

—Vuélvase honesto en todos sus tratos presentes con la humanidad y aproveche toda oportunidad que tenga de ayudar a una persona necesitada; hágalo en nombre de esos acreedores que perdieron su dinero por usted. Esto aliviará su conciencia y le permitirá empezar realmente a vivir —le aconsejó el psiquiatra.

La sugerencia demostró ser una fórmula mágica. El hombre inició una fundación con el único propósito de ayudar a otros. Compró docenas de libros inspiradores para dárselos a quienes pudieran servirles de ayuda. Empezó un negocio y, hasta donde pudo, empleó a hombres y mujeres físicamente disminuidos.

Antes de este despertar, esta persona con conciencia culpable no era feliz; no buscaba más éxito que el suficiente para vivir, pero ¡qué revelación! Con una mente libre de culpa, hizo grandes cosas, pues se creyó con derecho a ello. Lo mejor de todo es que ahora se siente inmensamente feliz.

Quizá este caso se aplique a ti en cierto grado. Mucha gente carga con un complejo de culpabilidad y no lo sabe. Si tienes el sentimiento interior de no merecer el éxito, comprende que cada nuevo día puede ser el comienzo de una nueva vida, pues no puedes revivir el pasado, y el futuro depende de lo que hagas al respecto *ahora* —no de lo que hiciste hace diez, veinte o treinta años.

¿Sabes por qué tantos presidiarios en libertad provisional cometen crímenes inmediatamente después de obtener la libertad? Tienen conciencias culpables. Se ven a sí mismos como criminales y hacen lo que se espera que hagan los criminales.

Aquellos capaces de limpiar sus corazones y almas de toda la mala voluntad que han sentido por sí mismos tendrán éxito cuando comiencen una nueva vida. Los ex convictos que son lo bastante grandes para comprender que la culpa es parte del precio que deben pagar por sus crímenes, la abandonarán con el tiempo y conseguirán el respeto de quienes los conocen.

¿CÓMO DE REAL ES LA LEY DE LA ABUNDANCIA?

—No creo en todo eso de que la mente domina a la materia —dijo impertinentemente un joven—. Afirman que si piensas eso y haces ciertas cosas, todo será para bien. El éxito te cogerá de la mano y permanecerá junto a ti el resto de tu vida. ¡Tonterías!

La mayoría de la gente piensa de este modo. Por eso es por lo que el 95% no consigue atrapar el éxito en su vida.

—¿Te consideras una persona de éxito? —pregunté a este escéptico.

—No, no lo soy —respondió rápidamente.

—¿Por qué no?

Me dio infinidad de excusas. No tenía instrucción suficiente, no conocía a nadie importante que pudiera ayudarle a mejorar, carecía de dinero y no podía dejar su trabajo para empezar en otro campo... Así siguió y siguió, sin dar en ningún momento una razón válida para su fracaso.

Por el modo en que este hombre habló del éxito, podría creerse que no hay suficiente a nuestro alrededor y que un gran porcentaje de gente está condenada al fracaso.

Hablé con él largamente sobre la ley de la abundancia y le señalé que había suficiente para todos y que cuanta más gente adquiriese la conciencia del éxito, más habría para otros.

A través de una serie de preguntas cuidadosamente pensadas, conseguí que me proporcionase la lista completa de sus pretextos —muchos de los cuales se los había imaginado él mismo—. A continuación repasé estos pretextos uno por uno y le demostré que no eran razones, sino meras excusas. Finalmente un rayo se atisbó en sus ojos y empezó a ver que había un sólido fundamento en la afirmación de que «la mente domina a la materia». No solo pensó en lo que *podría hacer*, sino en lo que *haría*.

Los bienes inmuebles le habían interesado toda su vida, pero nunca creyó que pudiera triunfar con ellos. Dado que en muchos estados se ha de pasar un examen para obtener una licencia, una vez hubo cambiado su forma de pensar, decidió dar los pasos necesarios para convertirse en agente inmobiliario. Siguió un curso nocturno, hizo un examen y lo aprobó. No tardó mucho en conseguir un trabajo en una inmobiliaria y con su cambio de actitud le fue bastante bien. El primer mes logró una venta que le supuso siete mil seiscientos dólares de comisión.

Al mes siguiente sobrepasó los diez mil dólares... y siguió ascendiendo. Dejó su trabajo y abrió una oficina propia.

Tras acumular una buena suma de dinero, compró un terreno y comenzó a edificar. Ahora dirige una empresa de varios millones de dólares.

¿Cuestionas todavía el hecho de que la mente domina a la materia? ¿Dudas de la ley de la abundancia?

—¡Hasta qué punto podemos estar ciegos! —exclamó mientras contaba su historia del ascenso a la fortuna—. Abrid los ojos y dejad que la luz de la oportunidad entre en vuestra conciencia. Ahí fuera —añadió, señalando las grandes puertas—, hay fortunas para cualquiera que desee aceptar esa verdad. Las riquezas están tan cerca de vosotros que podéis, literalmente, extender los brazos y cogerlas.

—Los tiempos son difíciles y cuesta empezar —fue el pretexto dado por un hombre que había conseguido muy poco en la vida.

A lo que yo repliqué:

—¡Tonterías!

Es precisamente durante los tiempos difíciles cuando los grandes líderes nacen. En tales épocas las oportunidades abundan, por cualquier parte que miréis. Durante los malos tiempos, si le decís a un ejecutivo que sabéis cómo aumentar su negocio, abrirá los oídos y escuchará atentamente. Cuando los negocios van bien, no estará tan dispuesto a prestaros atención.

Poco después de la catástrofe de 1929, cuando las empresas cerraban en cualquier dirección que uno mirase, hablé con un hombre que estaba preparándose para emprender un nuevo negocio.

—Mis amigos me dicen que estoy loco por abrir un negocio en este momento, pero no tengo miedo. Lo haré a lo grande.

Así lo hizo, y para cuando la depresión hubo terminado, estaba tan por delante de quienes simplemente trataban de empezar que nunca llegaron a su altura.

Tanto las crisis como los tiempos de bonanza son creados por el hombre, no por la naturaleza.

Durante la gran depresión, yo dirigía una agencia de publicidad en Nueva York. Diariamente hombres y mujeres entraban en mi oficina suplicando trabajo. Lo necesitaban por carecer de fondos con que cubrir los gastos de su hogar.

Un hombre de Seattle (Washington), escogió mi compañía para trabajar en ella. Cada pocos días recibía de él una carta sobre el empleo que deseaba. En cada carta sugería ideas para aumentar mi negocio, pero en ninguna de ellas hablaba de su necesidad de trabajo. Aunque había miles de personas sin empleo a dos pasos, busqué a ese hombre al otro lado del continente. En lugar de ver al mundo parado, aquella persona creía en la ley de la abundancia y, por medio de sus acciones, demostró su existencia.

¿PROBARÁS LA LEY DE LA ABUNDANCIA?

En esta vida gateamos antes de andar y andamos antes de correr. Este puede ser un buen patrón a la hora de probar la ley de la abundancia. Experiméntala primero de modo modesto. Quizá tienes un coche viejo. Todos los años, millones de vehículos nuevos se fabrican y se venden a millones de personas. Una de esas personas puedes ser tú.

Decide antes que nada que pretendes tener un nuevo y reluciente coche. Determina la marca y modelo que deseas. Establece en tu mente que tienes la fe necesaria para ser capaz de conseguirlo —luego pondrás esa fe en acción.

Antes de retirarte a dormir, implanta en tu mente creativa la idea de que te guiará a establecer los pensamientos y a llevara cabo las acciones que harán de tu nuevo coche una realidad.

Esta prueba debería significar mucho para ti. Deberías empezar a entender que *puedes* obtener lo que deseas en la vida. Si vas a operar con fe y no con ilusiones, te asombrarás al descubrir lo rápidamente que estarás conduciendo tu nuevo coche.

Da un paso adelante en tu siguiente prueba. ¿Un negocio propio? Utiliza los mismos principios y no pasará mucho tiempo antes de que tu nombre aparezca en la fachada de tu edificio.

NO HAY RESTRICCIÓN PARA LAS
BENDICIONES QUE PUEDES RECIBIR

¡Recuerda! Nunca habrá restricciones a las bendiciones que la naturaleza está deseosa de concederte. La ley de la abundancia es infalible. Trabaja de acuerdo con esa ley, y ella trabajará para ti.

Al concluir este capítulo, hay un pensamiento que quisiera subrayar: ¡siéntete feliz! Feliz porque ahora estás realmente cualificado, por la ley de la abundancia, para gozar de la vida.

Citaré a James Howell de nuevo: «La riqueza no es de quien la tiene, sino de quien la disfruta».

18

TE HARÁS RICO
AHORA MISMO

—Creo que uno puede hacerse rico actuando del modo apropiado —admitió cándidamente un joven—, pero se tarda tanto en llegar que se requiere más ambición de la que yo tengo para conseguirlo.

Esta afirmación no es inusual, aunque no todo el mundo admita su debilidad con tanta franqueza como lo hizo este hombre. En cualquier caso, el hecho es que la mayoría de las personas creen que la ruta hacia el éxito es dura y vacilan a la hora de comenzarla.

Supón que alguien te diera un cheque de siete cifras o más. Te sentirías repentinamente rico, ¿no es así? Desde luego, tardarías unos cuantos días en poder usar el dinero, pues el banco tendría que comprobar un cheque de ese valor antes de permitirte cobrarlo. Así que te *sentirías* rico durante unos días antes de serlo realmente. Te sentirías rico porque sabrías que el dinero pronto estaría a tu disposición.

Lo que los principios de este libro te han dado no es un cheque por una cantidad concreta, sino un cheque firmado en blanco, para que pongas la cantidad que deseas, es decir, cualquier cantidad que tu creencia sea capaz de ver. Estos principios han funcionado una y otra vez, están funcionando y seguirán haciéndolo.

Si esto es cierto, ¿no eres ya rico ahora mismo? ¿Importa algo si dispones o no del dinero en este momento? ¿Es que tienes que pagar tus facturas antes de ser rico? ¡No! Pues comprende que con este cheque en blanco eres capaz de satisfacer cualquier deseo que puedas tener de posesiones materiales, así como liquidar cualquiera de tus deudas.

Uno de los lectores de mi libro *Lo Haré* se imbuyó del espíritu del éxito y decidió probar qué era eso de tener éxito.

Su primer problema era la ropa. Sabía que para tener éxito debía aparentarlo, pero sus pantalones ya tenían brillo, las suelas de sus zapatos estaban gastadas y sus pocas camisas habían sido remendadas numerosas veces —y en lugares donde los remiendos saltaban a la vista.

Ya sabes que cuando empiezas a desarrollar una conciencia de éxito, comienzan a fluir ideas constructivas. Esto es lo que le ocurrió a este hombre.

Visitó una pequeña tienda de ropa y tras buscar al propietario, le explicó francamente sus miserias. Le dijo que necesitaba un vestuario completo de la cabeza a los pies y quería saber si había algún modo de que pudiera obtenerlo pagándolo con algún tipo de trabajo.

El propietario le preguntó si podría construirle una estantería que necesitaba. El hombre había hecho muchos trabajos de carpintería y estaba seguro de poder hacerlo. No pasó mucho tiempo antes de que causara buena impresión y estuviera listo para conseguir el éxito.

Obtuvo un trabajo de vendedor de seguros y lo hizo tan bien que muy pronto se convirtió en jefe de ventas, con unos ingresos de casi seis mil dólares mensuales.

Este hombre no alcanzó el éxito cuando logró un empleo de alto sueldo; tuvo éxito desde el momento en que empezó a verse a sí mismo como una persona de éxito. Con el comienzo que tuvo, podemos predecir con toda seguridad que llegará a ser alguien de gran poder y riqueza.

¿PUEDE SER ESTO CIERTO?

Escribiendo este capítulo, me detuve en este punto y me hice a mí mismo dos importantes preguntas: «¿Es tan fácil conseguir el éxito como estoy haciendo que parezca? ¿Sería posible para un hombre o una mujer corrientes leer este libro y luego, siguiendo sus sugerencias, pasar de la mediocridad a una vida de felicidad y opulencia?».

La respuesta a ambas preguntas es sí. Sin embargo, no todos los que leen libros de autosuperación –míos o de otros autores– consiguen alcanzar el cenit de sus aspiraciones.

Por mis estudios sobre la gente y sobre por qué es como es, creo saber la razón de ello. Al incluirla aquí estoy seguro de que ayudaré a un alto porcentaje de personas.

¡Lo desconocido es aterrador! Prácticamente todos nuestros temores y preocupaciones se basan en lo desconocido. No sabemos qué es lo que nos sucederá, así que nuestras

mentes le dan vueltas y más vueltas a aquello que *podría* suce-
dernos. La mente tiene sus mayores poderes de concentración en la tranquilidad de la noche, cuando no es posible distinguir los objetos a causa de la oscuridad. Podemos sostener
pensamientos sobre cualquier cosa que temamos porque no
hay distracciones visuales.

Y así, en la oscuridad, construimos el pensamiento de
que nuestras vidas son tan confusas y tenemos tantos problemas que sería de poca utilidad intentar ningún método de
autosuperación.

Casi todos creemos ser una ley para nosotros mismos.
Estamos seguros de que nuestros problemas son diferentes
de los de otros, y en consecuencia más difíciles de solucionar.

Lo que hay que hacer, si eres sincero, es sacar al exterior
todos tus problemas de modo que puedas verlos con claridad
y liberarte de ellos.

Coge papel y lápiz y haz una lista de todo lo que creas
que ha estado trastornándote. Una vez que la termines, reor-
dena los asuntos según su orden de importancia, comenzando por lo que más te preocupa.

Estudia esta lista, pero no te obsesiones. De hecho, siéntete feliz porque, a través de tu nueva actitud mental, estás a
punto de eliminar todos los asuntos de la lista.

Si intentas aplicar los principios de éxito que has estado aprendiendo con una mente obnubilada por un *desconocido* número de problemas, no tendrás una clara perspectiva
de qué es lo que deseas lograr. Conforme tratas de sostener una imagen mental de ti mismo siendo rico, pensamientos negativos procedentes de *vagos* rincones de tu mente se
entrometerán, neutralizando el efecto de tus pensamientos

constructivos. Es como tratar de escribir mientras alguien te habla continuamente. No puedes concentrarte en el tema que deseas desarrollar.

Cuando, tras hacer la lista sugerida, tengas una clara imagen de los problemas que pretendes dominar, serás capaz de enfocar tu atención en crear una conciencia de éxito, pues ya sabrás qué es lo que pretendes conseguir como resultado de ello.

¡ERES RICO AHORA!

Si ya has adquirido una conciencia de riqueza, eres rico ahora mismo. Dar los pasos necesarios para poner el dinero en el banco y adquirir las posesiones que deseas no es más que un mero formulismo. Pero no trates de acumular la riqueza material con demasiada rapidez. ¡Recuerda! El éxito no es una estación de destino —es un viaje—. En mi libro *Lo haré* hablo del magnate que dijo: «Lo más emocionante de mi vida no fue cuando tuve dinero, sino cuando *estaba* ganando dinero».

En cierta ocasión, mi esposa y yo pasamos unos días en un hotel de Nueva York que es utilizado como residencia por muchos ricos retirados. Al estudiarlos en el comedor, aprendí mucho sobre la naturaleza humana. Sus expresiones no eran en absoluto animadas. Estas personas habían acumulado fortunas y no necesitaban nada más. Podían pagarse cualquier cosa que desearan, lo cual equivalía a decir que no querían nada.

Un día almorzamos en un hotel donde los hombres de negocios suelen discutir sus asuntos mientras comen. ¡Qué diferencia! Sus rostros estaban vivos y la chispa de sus ojos indicaba que la vida era para ellos un panorama siempre cambiante e interesante.

Volando a través del continente, tuve como compañero de asiento a un hombre cuya ocupación era levantar negocios en declive. Me contó cómo lo llevaba a cabo: se hacía cargo de un negocio al borde del fracaso y, mediante la aplicación de buenos principios, lo volvía a levantar. Solía tener éxito, con el resultado de que muchos negocios enfermos habían sobrevivido gracias a él.

—Es divertido cómo empecé a dedicarme a esto –dijo con una sonrisa–. Había sido contable, y en cierta ocasión en que tenía poco trabajo ayudé a un amigo a salvar su negocio, que se estaba estrellando a gran velocidad. Hacerlo me dio tanta satisfacción que decidí convertirme en «doctor de negocios enfermos», y en eso me he ocupado desde entonces.

—¿Qué haces por el jefe de la empresa que no pudiera él hacer por sí mismo? –le pregunté con acentuado interés.

—Cuando un hombre permite que su negocio se encamine hacia el fracaso, tiene la mente tan llena de pensamientos sobre las posibles consecuencias que le resulta difícil pensar en soluciones, y el resultado es que el negocio se hunde lentamente. Yo, de un modo impersonal y objetivo, puedo concentrarme en lo que hay que hacer para ponerlo de nuevo a flote.

La conversación que tuve con este «doctor» se conjuga mucho con lo que dije antes en este capítulo, en el sentido de que los pensamientos negativos que tenemos en nuestra mente a menudo minan los pensamientos que tratamos de establecer.

Un hombre me dijo que la razón por la que no era capaz de *verse* siendo rico era que no podía «engañarse» a sí mismo.

Él sabía perfectamente cuáles eran sus circunstancias y pensar en sí mismo como en un hombre rico era algo que no podía hacer.

También afirmó que fingir ante sus amigos —que conocían sus circunstancias— que era millonario, le haría sentirse un impostor. Este hombre tiene razón y yo, bajo condiciones similares, también sentiría lo mismo.

No quiero decir que uno debería *fingir* ser rico. O uno posee una fortuna o no la posee. Si tienes una conciencia de rico, lo eres, no importa los muchos o pocos bienes mundanos que puedas atesorar, pues manifestar la riqueza se halla dentro de tu ámbito de posibilidades.

Ahora que estás adquiriendo una conciencia de éxito, no vayas por ahí hablando de ello, o fingiendo ser rico. Conforme levantas tu fortuna, tus amigos y familiares observarán tu progreso. Y *sabrán* que eres rico.

RIQUEZAS ESPIRITUALES

Traer a colación el tema de las riquezas espirituales justo al final de este capítulo puede parecer como poner el carro delante del caballo, pues de todas las riquezas, las espirituales son las más importantes.

En Mateo 16, 26 leemos: «Pues ¿de qué le sirve a un hombre ganar el mundo entero si pierde su alma?».

Prácticamente todo este libro, hasta este punto, ha tratado de la riqueza material: una mejor casa, unos mayores ingresos, seguridad económica, etc., pero ganes lo que ganes, no tendrás asegurada la felicidad a no ser que logres las riquezas espirituales.

La clave de las riquezas espirituales se halla contenida en una palabra de cuatro letras: AMOR. Cuando lo utilizo aquí, quiero decir amor en toda su extensión.

Demuéstrales amor a quienes te son próximos y queridos. No lo ocultes en tu corazón, sino dale expresión. Recuerda, el amor es algo de lo que cuanto más das, más recibes. No temas declarar frecuentemente tu amor a tus seres más próximos. En mis muchos años de matrimonio con Edel —mi niña, mi cariño, mi esposa—, no creo que haya habido una sola noche en que no me haya dicho que me quiere. Naturalmente, yo también le he confirmado el profundo amor que siento por ella.

Ama el trabajo que estás haciendo. Cuanto más amor y pasión pongas en tu trabajo, mejor será este. El tiempo pasará más rápido y agradable, y tus compensaciones serán mayores.

Ten amor a todos aquellos con quienes entras en contacto: el tendero, el conductor de autobús, el vecino... De hecho, ama a toda la humanidad.

«No puedo amar a las malas personas», dirán algunos. Creo que hay más de bueno que de malo en los peores individuos. Puedes amar lo que hay de bueno en ellos. Mucha gente considerada mala muestra su lado negativo precisamente porque todo el mundo la considera mala.

Muestra verdadero interés por una de esas personas, y ella intentará demostrar que no es tan mala después de todo, lo que evidencia la influencia que el amor puede tener sobre los demás.

Ama a toda la naturaleza: a los pájaros, los árboles, las flores... Puedes incluso amar la lluvia, pues gracias a ella existe la vida.

Esto puede parecer difícil de creer, pero deberíamos amar incluso nuestras adversidades, pues, vistas bajo la luz adecuada, significan experiencia y conocimiento, ambos de gran valor en el futuro.

Empieza a desarrollar una buena disposición. ¡Recuerda! Cualquiera puede sulfurarse cuando algo va mal. Es el gran hombre el que tiene la capacidad de controlarse a sí mismo bajo condiciones adversas. Aquel que puede controlar su estado de ánimo es quien gana más amigos y —volviendo por un momento al tema del éxito material— el hombre con buena disposición suele tener más éxito que el desagradable, pues a la gente le gusta tratar con él. Es un hecho que somos mucho más felices con buena disposición que sin ella.

El título de este capítulo es «Te harás rico ahora mismo». Esto será cierto para ti, si permites que lo sea. En este mismo momento comienza a pensar en ti mismo como en alguien rico, tanto mental como físicamente. No desees que esto sea cierto; *sé consciente* de que lo es.

Esta noche, cuando te retires a dormir, llena tu mente con pensamientos de riqueza. Si lo deseas, puedes tener un pensamiento así:

Doy gracias por ser rico mental y físicamente. Mientras duermo, mi mente creativa encontrará modos de guiarme en pensamiento y acción de manera que, al despertar, tendré los pensamientos y realizaré las acciones que me permitirán manifestar mis riquezas mentales y materiales.

Puedes considerar este capítulo el más importante del libro. Espero que no lo hayas subestimado leyéndolo rápidamente. Si lo vuelves a leer antes de comenzar el siguiente, ganarás un bien todavía mayor.

19

LAS ENFERMEDADES
PSICOSOMÁTICAS, ¿SON REALES?

Las enfermedades psicosomáticas son aquellas que constituyen manifestaciones físicas de problemas emocionales. Aunque una enfermedad psicosomática sea el resultado de un problema emocional, será, no obstante, una dolencia física. Quienes la padecen están realmente sufriendo una enfermedad física, no mental.

¿Son reales estas dolencias causadas emocionalmente? Sí, y el dolor que producen también lo es. Algunas de las emociones responsables de las enfermedades psicosomáticas son el temor, la ira, el disgusto, la lamentación, la sorpresa, la ansiedad, etc.

El libro *Cómo vivir 365 días al año*, del doctor John A. Schindler, da una lista parcial de dolencias, y apunta que las afecciones de las que comúnmente se queja la gente son a menudo mentalmente inducidas. Pero cualquier doctor podrá decirte que la mayoría de los síntomas que sufres son también causados por trastornos emocionales.

DOLENCIA	PORCENTAJE DE LAS MENTALMENTE INDUCIDAS
Dolor de nuca	75%
Nudo de garganta	90%
Úlceras	50%
Dolor de vesícula	50%
Gases	99,44%
Torpeza	80%
Dolor de cabeza	80%
Estreñimiento	70%
Cansancio	90%

Dado que las enfermedades psicosomáticas son usualmente tan dolorosas, el paciente común no quedará satisfecho con que se le diga que su problema está en la mente. Cree que debe recibir algún tipo de medicación. Con frecuencia, en tales casos el doctor prescribirá un placebo, que, como se sabe, es una píldora sin valor medicinal alguno.

Cuando vivía en Nueva York me visitaba con frecuencia un amigo que vivía en Pensilvania. Este hombre sufría de un problema cardiaco psicosomático. Llevaba siempre consigo una pequeña caja de píldoras que le había recetado su médico. Cuando creía que se le acercaba una crisis cardiaca, tomaba una de estas píldoras y rápidamente el dolor y las molestias desaparecían.

Una de las veces que me visitó, tuvo una de sus crisis, y al descubrir que se había dejado las píldoras en casa se puso frenético. Llamó a su mujer e hizo que le mandara las píldoras por envío aéreo especial. Tan pronto como las recibió y tomó una, su problema se desvaneció.

Luego supe que no eran más que placebos. Este ejemplo prueba que la mente puede hacer que nos sintamos enfermos o no.

Un caso similar es el de una mujer que sufrió una importante operación. Por la noche se quejaba tanto del dolor que el médico le suministraba una inyección de morfina para permitirle dormir.

Temiendo que pudiera volverse adicta, el médico intentó interrumpir las inyecciones nocturnas, pero la paciente sufría terriblemente, así que hizo un experimento. Una noche, en lugar de la acostumbrada inyección de morfina, llenó la jeringa con agua templada y eso es lo que le administró. En pocos momentos estuvo perfectamente dormida.

Un médico de Nueva York estaba obteniendo muy buenos resultados con sus pacientes. En lugar de recetarles algo, él mismo les suministraba la medicina. En casi todos los casos, esta medicina eran píldoras.

En cierta ocasión fui a la consulta de este médico con una amiga que sufría una dolorosa enfermedad. Él la examinó y entró en una pequeña habitación para obtener el remedio. Dejó entornada la puerta, y desde donde me encontraba pude ver qué era lo que hacía exactamente.

Cogió una caja grande de la estantería, sacó dos frascos de ella y llenó ambos frascos con pequeñas píldoras blancas. Le puso a uno la etiqueta A y al otro la etiqueta B. Cuando se los entregó a la paciente, le dio detalladas instrucciones sobre cómo habría de tomar dos píldoras del frasco A tres veces al día y una del frasco B dos veces al día. Aunque estas píldoras no eran otra cosa que azúcar comprimido, ayudaron a la paciente, porque *pensó* que la ayudarían. No pretendo calificar a este médico de impostor. Dado que sus «tratamientos» eran útiles a muchas personas, creo que su engaño estaba plenamente justificado.

Una vez, cuando era joven, sufrí un fuerte resfriado y visité al médico. Me prescribió una receta, escrita en latín, que consistía en una pequeña caja de tabletas que debería tomar a ciertas horas. Al tomar una de ellas, vi que le habían borrado el nombre raspándolo. Examinándolo con detalle, observé que la tableta no era sino un tipo popular de aspirina. Me cobraron seis dólares por la receta, mientras que si me hubiera dicho que lo que necesitaba era una aspirina, podría haber comprado una caja por treinta y cinco centavos. La siguiente vez que vi al doctor le pregunté por qué me hizo gastar más de lo necesario.

—Si le dijera a una persona que todo lo que necesita es una aspirina, no creería que debería pagarme por el tiempo que empleo en examinarla —me dijo.

Por favor, no me entiendas mal: no intento ir en contra de los médicos. Tan solo trato de hacerte ver el poder que posee la mente y cómo puede afectar al cuerpo.

PLACEBOS PARA EL MAREO

Una mujer que no podía viajar por mar sin marearse fue a su médico en busca de una receta cuando estaba a punto de comenzar un viaje. Recibió una cajita que contenía píldoras de azúcar. Aunque el mar estuvo bastante encrespado, ella demostró ser un buen marinero y se jactó ante sus compañeros de cubierta de su brillante médico.

¿No es esta una evidencia interesante del dominio de la mente sobre la materia? Otro ejemplo me viene a la memoria. Hay una pareja que nos visita a menudo, y los solemos invitar a tomar un refresco. La esposa nunca tomaba café, ya que aseguraba que si tomase una taza no podría dormir por la noche.

Una tarde, como experimento, le dije que podría tomar el café que quisiera, pues el que estábamos usando no tenía cafeína. Ella pidió una taza y luego otra más.

A la mañana siguiente telefoneó a mi esposa y le preguntó el nombre de la marca del café. Le dijo que era estupendo poder tomar café por la noche sin tener que sufrir insomnio. Por supuesto, el café que tomó aquel día no era descafeinado, sino que contenía la cantidad normal de cafeína.

Un artículo del *Reader's Digest* contaba un experimento realizado con una víctima de la fiebre del heno. Pusieron en su habitación flores artificiales del mismo tipo que las que se supone afectan a quienes sufren de esta dolencia. Creyendo que eran auténticas, no paró de estornudar y los ojos le empezaron a lagrimear —hasta que se le contó la verdad.

¿ES LA MUERTE SIEMPRE PSICOSOMÁTICA?

Creo, decididamente, que la muerte es a menudo acelerada psicosomáticamente.

La mayoría de la gente ha aceptado tan plenamente la teoría de los ochenta años que cuando se aproximan a esa edad empieza a pensar en la vejez. Si pasan de ella, creen estar viviendo de regalo y no hacen más que pensar en dolores y malestares. Sus mentes los hacen realmente viejos. Creo firmemente que si pudieran no pensar en la vejez, vivirían más años y disfrutarían de un mejor estado de salud.

Cuando cumplí setenta años, fue asombroso cuánta gente me comentó: «Espero estar tan joven como tú cuando llegue a los setenta». Naturalmente, si fuera susceptible a tales pensamientos me sentiría viejo de verdad. Lo cierto es que he borrado de mi mente de una forma tan completa toda conciencia de vejez, que no puedo pensar en mí mismo sino como joven. En lugar de sentirme cada vez más viejo a medida que se suceden los cumpleaños, me regocijo de haber vivido tantos años y sentirme tan juvenil.

Una vez visité mi ciudad natal después de haber estado ausente más de veinte años. Durante ese tiempo me había formado imágenes mentales de la gente con el aspecto que tenían cuando los vi por última vez. ¡Vaya cambio! Me costó tiempo acostumbrarme a verlos tal como eran, en lugar de como habían sido.

Si nos fuera posible vivir unos pocos años sin ver nuestro reflejo, permaneceríamos más jóvenes, estoy seguro de ello. Cada vez que nos miramos en el espejo no estamos buscando signos de juventud, estamos examinando nuestros rostros en busca de nuevos signos de envejecimiento.

Otra historia más y terminaré este capítulo sobre dolencias psicosomáticas. Luego pasaré al siguiente, en el que te mostraré cómo desarrollar una conciencia de salud.

La señora Mary Lewis, una viuda de casi ochenta años, había vivido en la costa del Pacífico durante mucho tiempo, pero su hogar natal se encontraba en el este.

La salud de María no era buena y la gente creía que su muerte estaba ya próxima. Sus familiares siempre le habían aconsejado que tuviera cuidado a causa de su edad. Continuamente le hacían tomar todo tipo de medicinas. Ella se sentía vieja y, como los demás, creía que el día de su adiós definitivo no se encontraba lejos.

Su hijo, que vivía en Nueva York, fue al oeste en un viaje de negocios, y decidió hacer algo por su anciana madre.

Creyó que sería bueno llevarla con él a la Gran Manzana, para que pudiese visitar a alguno de sus antiguos amigos. Los demás familiares consideraron una crueldad que el hijo se llevase a la madre en un viaje tan largo, pensando que no podría soportarlo. En la estación de ferrocarril un grupo de gente entristecida fue a despedir a ambos, seguros de que sería la última vez que verían con vida a la anciana.

Una vez que el tren hubo partido, el hijo llevó a su madre a su compartimento y tuvo una charla muy franca con ella.

—Madre, este va a ser un viaje muy saludable para ti. Gozarás de él y tendrás mucho tiempo para descansar. No habrá conversaciones sobre la enfermedad, porque no estarás enferma –le dijo.

Antes del viaje, se le había aconsejado sobre todo lo que debía y no debía comer. En el tren comió lo que le apeteció, ¡y vaya si recobró el apetito!

En pocos días llegaron a Nueva York. El estado de Mary era estupendo. Su hijo la mantuvo ocupada llevándola de aquí para allá, y en ningún momento mostró ningún signo de cansancio. Al contrario, pareció estar mejor cada día.

Pero todo lo bueno debe tener un final, y Mary Lewis volvió a su casa.

¿Puedes adivinar lo que sucedió? De nuevo en aquella atmósfera en la que le recordaban constantemente su edad y su escasez de fuerzas, poco tiempo pasó antes de que estuviera tan enferma como antes de su viaje.

Creo haber dado en este capítulo suficientes evidencias para demostrar la realidad de las dolencias psicosomáticas.

Aunque la mayor parte de este libro se ha dedicado a demostrar lo innecesario que es vivir con carencias, creo ahora adecuado incluir algo respecto a la salud, pues la riqueza sin salud nunca dará la felicidad.

Una revista especializada en salud publicó estadísticas que mostraban que había más enfermedades entre los ricos que entre los pobres. La razón de ello es, creo yo, que aquellos desean vivir más tiempo y están siempre consultando a médicos y visitando centros de salud. Sus mentes se mantienen en la enfermedad en lugar de morar en la salud. Un hombre pobre, en cambio, no puede pagarse todos esos costosos tratamientos y, por regla general, no los sigue. Mantiene su mente en la idea de la fuerza, pues ha de trabajar para poder salir adelante.

Este último pensamiento te lo doy a modo de advertencia: *puedes* ser rico —y *serás* rico si aceptas las sugerencias de este libro.

Sin embargo, conforme tu fortuna crece, deja que tu conciencia de salud crezca también con ella.

20

DESARROLLANDO UNA CONCIENCIA DE SALUD

¿Cómo de agradable es sentirse bien? Quizá nunca te hayas hecho esta pregunta. Resultará interesante pensar en ello un momento, y al hacerlo puedes comenzar una línea de pensamiento que te conducirá a un estado de felicidad como no lo has conocido antes. ¿Cuándo consideras que estás bien? ¿Cuándo estás libre de dolores y molestias? ¿Cuándo puedes hacer tu trabajo sin agotarte? Las preguntas que podrían hacerse son numerosas, pero la gran cuestión es: incluso si estás libre de dolores y molestias y eres capaz de hacer tu trabajo diario sin agotarte, ¿te sería posible sentirte mejor?

La cumbre del bienestar es un estado de vibración mental y física, en el que puedes verter todo tu entusiasmo en cualquier cosa que hagas, sea trabajo o juego, cuando tu mente está libre de preocupaciones, porque acepta los problemas del día como un reto en lugar de abordarlos con temor; cuando tu corazón está libre de odio, porque tus ojos solo buscan lo mejor de los demás, y cuando hoy es mejor que ayer y el mañana es esperado con gozosa expectativa.

A continuación van diez pasos simples para conseguir una buena salud mental y física, que es todo lo que necesitas para desarrollar una conciencia de salud:

1. *Ten un incentivo que te haga querer estar activamente vivo —en la cima del mundo—.* Somos capaces de hacer casi todo si realmente lo deseamos. Esto se aplica al bienestar físico tanto como a cualquier otra cosa. Podríamos hacer lo necesario para mejorar la salud, pero salvo que nuestras acciones estén respaldadas por un ardiente deseo de éxito, no esperemos resultados espectaculares y brillantes.

Es maravilloso sentirse bien, tener esa sensación de «¡a por todas!», pero antes de que podamos progresar en la creación de esa sensación, hemos de tener una poderosísima razón para hacerlo.

El paso 1 consiste, por tanto, en adquirir un incentivo, una razón válida para desear que cada una de las fibras de tu ser vibre con energía.

Solo te ofreceré unas pocas sugerencias que puedan servir como iniciadoras de tus pensamientos. Con respecto a los incentivos reales, deberás explorar tu mente para saber qué es lo que quieres conseguir.

¿Desearías ser alguien importante en tu comunidad? ¿Te gustaría tener el tipo de personalidad que influye en la gente? La energía no es cuestión del tono o elevación de la voz. Es el reflejo de una mente alerta y un cuerpo dinámicamente vivo y vigoroso.

¿Desearías tener un gran círculo de amigos y admiradores? ¿Te encantaría ser alguien que se distingue por su opinión y sus consejos, pues hay algo en ti que sugiere autoridad?

¿Desearías ser elegido para importantes puestos en tus círculos habituales, por tu magnetismo personal?

Quizá tus deseos discurran por las líneas del logro personal. Puedes haber dicho: «Estudiaría música si me sintiese mejor». O tal vez se trate de la pintura o de la artesanía.

Puedes estar a miles de kilómetros de lo que constituye tu propio incentivo. Tal vez seas soltero y lo darías todo por encontrar a tu pareja adecuada, pero crees no tener la juventud o el atractivo físico para interesar al sexo opuesto.

Independientemente de cuáles sean tus deseos, busca un incentivo que te dé una razón para *querer* estar bien física y mentalmente; entonces estarás en condiciones de obtener lo máximo de los pasos que siguen.

2. *Comprende que* PUEDES *conseguir mejor salud y vivir más tiempo*. Las únicas personas que han logrado algo han sido siempre las que *sabían* que podían. Abordar una tarea con dudas en tu mente sobre tu capacidad de hacerla es un paso seguro hacia el fracaso.

LA SALUD RADIANTE no es algo que adquiramos por suerte. ES UN REFLEJO DEL MODO EN QUE PENSAMOS Y VIVIMOS. El destino no nos da un cuerpo doloroso como una especie de castigo. Lo tenemos por nuestro modo de vivir y pensar.

Un error que mucha gente comete es creer que el precio que hay que pagar por un estado *gozoso* de bienestar es tan elevado que la recompensa no merece la pena el esfuerzo que hay que hacer por conseguirla. ¡Qué equivocación tan grande!

Podría decirse que el sacrificio es el precio que debemos pagar por un cuerpo vigorosamente vivo. Pero ¿es así? Escojamos unos cuantos hábitos como ejemplo. Piensa en los que fuman en exceso y lo mal que lo pasan en los momentos en que no pueden tener un cigarrillo entre los dedos. ¿Sería un sacrificio que practicasen la moderación hasta el punto de hacer del fumar un disfrute en lugar de un medio de evitar el sufrimiento? Piensa en quienes beben demasiado. ¿Es el intenso sufrimiento de la resaca la recompensa que obtienen de su hábito? ¿Sería un sacrificio sugerir moderación, que se tomasen una copa de vez en cuando por sociabilidad, en lugar de ser un modo de abandonar toda apariencia de cultura y refinamiento?

Puede ser difícil de creer de buenas a primeras que hacemos más sacrificios con un cuerpo quejumbroso que los que necesitaríamos para mantener un cuerpo contento de estar vivo. Piénsalo y pronto coincidirás conmigo. Reflexiona sobre todo lo que podrías haber hecho, y que habrías hecho, si te hubieras sentido animado a ello o sobre los lugares que habrías visitado de haber tenido el suficiente ánimo mental y físico para ello. Piensa en las innumerables horas en que te has sentido solo «medio bien».

Tu juicio te dirá que si te embarcas en un programa destinado a conseguir una salud gloriosa, puedes lograrla. Así que el paso 2 es *saber* que puedes obtener una mejor salud y vivir más tiempo.

Puede que sea necesario recurrir a un poco de disciplina mental para lograr el desarrollo de una conciencia de mejor salud. Si durante años te has estado viendo en inferioridad física, necesitarás un esfuerzo para llegar al punto en que sepas, sin ningún género de duda, que *puedes gozar* de una salud radiante. Sabemos que el movimiento crea emoción, así que durante unos días mantén este pensamiento: PUEDO obtener una salud robusta.

Desde luego, aceptar el pensamiento de que *puedes* obtener mejor salud no es suficiente. Deberás dar los pasos necesarios para hacer realidad esa mejora. En otras palabras, debes llevar a la realidad, por medio de la acción, la comprensión de que la buena salud se halla a tu alcance.

3. *Pon tu mente en orden*. Como aprendiste en el anterior capítulo, la palabra «psicosomático» se oye frecuentemente relacionada con diversos tipos de enfermedades. Últimamente, los médicos están incluyendo muchísimas dolencias en la larga lista de las originadas por la mente. Este hecho no significa que una persona psicosomáticamente enferma no esté cuerda, tan solo que la mayoría de los problemas psicosomáticos resultan del temor y las preocupaciones.

Las úlceras de estómago se piensa que se originan casi siempre en la mente; lo llamamos «tensión», pero ¿qué es la tensión mental sino la preocupación por ciertas situaciones y nuestro vívido temor a no ser capaces de afrontarlas? Para mí la preocupación es mantener las imágenes mentales de aquello que *no* deseamos. Piensa en esto durante un momento, y estarás de acuerdo conmigo.

Podríamos también decir que la preocupación es la evidencia de que dudamos de nuestra capacidad para resolver el problema que la ocasiona. Quizá si lo miramos desde este ángulo, podríamos enderezar el cuerpo y demostrarnos a nosotros mismos que somos más fuertes que el objeto de nuestra preocupación, y que haremos lo necesario para arreglarlo.

Comprende que la preocupación nunca sirve para nada. Al contrario, desequilibra la salud y bloquea la felicidad.

El dominio de sí mismo es la recompensa para quien decide conquistar el temor y la preocupación; y son fáciles de conquistar si se acepta la verdad siguiente y se actúa de acuerdo con ella: «La preocupación nos impide realizar precisamente aquello que la anularía».

4. *¡Aprende qué debes hacer y qué no!* Un sabio dijo una vez: «El éxito se consigue al hacer aquello que sabes que deberías hacer y no hacer aquello que sabes que no deberías hacer».

Podría sabiamente decirse que el resultado de seguir este sano consejo sería una salud vigorosa. Pero es de vital importancia saber exactamente qué *deberías* hacer y qué *no deberías* hacer. ¿Dónde obtener esta importante información?

En el momento en que nos imbuimos de un pensamiento, nos convertimos casi en un imán de información sobre el tema del que trata. Somos atraídos hacia libros y revistas que hablan de él y no dejamos de encontrarnos con lo que llamamos «casualidades» al respecto.

«Una falta descubierta está medio superada», esto lo aprendí cuando solo era un muchacho. Creo que si me dispusiera a tomar una salud exuberante como objetivo, lo primero que querría conocer es la situación real de mi cuerpo en el momento presente. Permitiría por tanto que el médico me hiciese un examen de la cabeza a los pies, y de esa manera aprendería lo que debería hacer y lo que no debería hacer con respecto a mi ser físico.

Un arquitecto visualiza sus ideas conforme llegan. En su mesa de dibujo, y con sus instrumentos, desarrolla objetivamente sus pensamientos. Dado que somos arquitectos de nuestros propios seres y asuntos, sería recomendable empezar por hacer la lista de lo que deberíamos y no deberíamos hacer en nuestra persecución de una salud radiante.

Debería concebirse un plan de acción que incluyese tanto la actividad para hacer aquello que deberíamos hacer, como la disciplina para evitar aquello que no deberíamos hacer.

Naturalmente, nuestro programa de acción incluirá la supervisión de lo que comemos. Pero permíteme decir aquí y ahora que comer para lograr una salud robusta no significa abandonar los alimentos que te gustan para comer solo aquellos con los que no disfrutas.

Las vitaminas y los minerales son tan esenciales para la salud como la luz y el agua lo son para las plantas. Tener deficiencias tanto de vitaminas como de minerales significa vivir en un cuerpo en inferioridad física, que se vendrá abajo muchos años antes de lo que debiera.

Un porcentaje asombrosamente alto de personas sufre de malnutrición, no porque coman poco, sino porque lo que ingieren es deficiente en los elementos necesarios para mantener su salud.

Seleccionar una dieta de alimentos reconocidos por contener ciertas vitaminas y minerales no asegura que se vayan a obtener. Los buenos suelos vírgenes contienen una gran abundancia de los minerales esenciales para la buena salud, pero debido a los cultivos intensivos, la erosión y la lluvia, estos minerales se están agotando mucho más deprisa de lo que la naturaleza o el granjero podrían reponerlos.

Las vitaminas *no* son alimentos. No se convierten en sangre, carne y huesos, ni suministran energía. Actúan, en cambio, como importantes enlaces en los procesos químicos por medio de los cuales el cuerpo convierte el alimento en tejidos, elimina los productos de desecho y produce energía. Sin vitaminas estos procesos vitales no podrían continuar.

Seleccionar lo que ingerimos con cuidado es siempre una sabia preocupación, pero quien ha determinado tener una salud radiante, «feliz de estar vivo», no se arriesgará a obtener todos los elementos esenciales a partir de los alimentos que se supone que los contienen, sino que se asegurará una dieta equilibrada añadiendo suplementos alimenticios obtenidos de una fuente digna de confianza.

5. *¡Desarrolla el ENTUSIASMO de hacer y no hacer!* Adquirir información resulta esencial para alcanzar nuestro objetivo, una radiante salud mental y física, pero no es suficiente con *adquirir* esa información. Debemos poseer el entusiasmo necesario para continuar, para poner en acción los planes que nos asegurarán una salud radiante.

Hay una palabra, muy usada por la mayoría de nosotros, que ha sido responsable de muchos de los fracasos de nuestra vida. Esa palabra es «mañana». ¿Cuántas veces nos enteramos de algo que nos podría ser de ayuda y resolvemos hacerlo... *mañana*? Desde luego, ese *mañana* nunca llega.

Si has estado leyendo hasta aquí con una mente seria, estarás entusiasmado... ¡Ahora mismo! Estás empezando a vislumbrar panorámicas de una felicidad emocionante, con una mente espléndida respaldada por un cuerpo dinámico. Problemas que hasta antes te habrían supuesto preocupaciones, te parecen ahora sencillos desafíos. Conforme atisbas desde atrás del telón y vislumbras un nuevo futuro, no permitas que la negligencia te haga concebir el mañana como el punto de partida. Empieza ahora mismo, en cuanto dejes este libro a un lado. El comienzo puede ser tu *resolución*: tu resolución de que, puesto que tu herencia por propio derecho es la salud mental y física, tú, de ahora en adelante, harás todo lo que esté en tu mano por lograr esa herencia.

6. *¡Quítate años a través de la acción!* El movimiento crea la emoción. Los hombres y mujeres que se hacen compañeros de sus hijos y que se involucran con la juventud permanecerán jóvenes durante mucho más tiempo que aquellos que viven su viejo papel tradicional.

No podemos actuar como jóvenes sin sentirnos jóvenes, y cuando nos sentimos así, estamos poniendo los procesos de la naturaleza a funcionar para rejuvenecernos.

Bailar, nadar, remar o montar en bicicleta son algunas de las actividades que promueven el bienestar físico. En conexión con estas aficiones, hay un pensamiento de considerable importancia: no hagas nada simplemente porque creas que te hará bien. Puesto que, como hemos aprendido, existe una relación definida entre mente y cuerpo, haz que te guste aquello que haces. Si bailas, disfrútalo al máximo y ganarás por la combinación de beneficios psicológicos y físicos que te aportará esta actividad. Esto también es cierto para las demás formas de ejercicio. Cuanto más te gusten, mayor será el beneficio.

Nuestro vestuario también juega un papel muy importante en el modo en que nos sentimos. Si vestimos ropas apagadas, no estaremos tan alegres como cuando vestimos de colores. Aunque sea imperativo usar siempre el buen gusto, no hay regla alguna respecto a la utilización de ropas que expresen nuestra alegría.

¿De qué disfrutabas hace diez, veinte o quizá treinta años? Trata de renovar tu interés en ello. Puedes descubrir que te quitas años de encima conforme lo haces.

7. *Haz una dieta mental*. Refiriéndome de nuevo a las dolencias psicosomáticas, me atrevería a decir que una dieta mental es más importante que una física.

Como has estado aprendiendo a lo largo de este libro, los pensamientos negativos producen reacciones negativas. Un viejo filósofo dijo una vez: «Busca tus amigos entre la gente activa, pues los vagos y perezosos te chuparán tu energía». Sea o no sea verdad, recuerda alguna conversación que hayas tenido y que se haya limitado a temas de pesimismo y desastre. ¿Recuerdas lo pesimista que te sentías después? Por otra parte, piensa en ratos pasados con personas optimistas y esperanzadas, y recordarás que luego te sentiste inspirado y con deseos de hacer grandes cosas.

Disciplínate a pensar en términos de salud y felicidad. Selecciona solo aquella lectura que te alentará a ascender a mayores alturas. No caigas en conversaciones negativas. Al escribir cartas, ve cuántos ánimos puedes dar, en lugar de convertirlas en disertaciones sobre la fatalidad.

El secreto de la felicidad no consiste en hacer lo que quieres, sino en querer lo que tienes que hacer. La aceptación de este pensamiento será un paso adelante en tu dieta mental.

En el paso 5 determinaste abandonar de tu vocabulario la palabra «mañana» y dejarte de dilaciones. Esto también se aplica a tu dieta mental. Debes seguirla en este mismo momento.

8. *Enseña a otros a lograr una buena salud mental y física.* Es cierto que la felicidad viene de dar felicidad y que enseñar a otros cómo obtener una buena salud mental y física nos hará extremadamente felices. Hay, no obstante, otra razón para la sugerencia dada en este paso.

No podemos tener éxito a la hora de enseñar algo a los demás sin servirles de ejemplo. Sería incongruente enseñar a otros cómo sentirse gozosamente vivos y exuberantes, si nosotros mismos nos arrastramos con aspecto de estar medio muertos. Deseamos mostrar qué significa la vida para nosotros, de suerte que sea una inspiración para que otros sigan nuestro ejemplo.

Ya que la claridad empieza por tu propia casa, persuade a los demás miembros de tu familia para que se unan a ti a fin de conseguir una perfecta salud mental y física. Haz lo mismo con aquellos con quienes trabajas, no solo por el bien que les estarás proporcionando, sino por el que te proporcionarás a ti mismo.

Prácticamente todo lo que hacemos en la vida está basado en el hábito. Vivimos de acuerdo con los patrones de hábito que hemos creado, algunos buenos y otros no. Al seguir el paso 8, estás inconscientemente entrenándote para crear nuevos patrones de hábito altamente beneficiosos y vivir de acuerdo con ellos.

9. *¡Vive correctamente!* Estas dos palabras podrían conducirte a muy diferentes avenidas de pensamiento. Podrían referirse a tu alimentación, a tus hábitos o a todo tu modo de vivir.

«Que tu conciencia sea tu guía» es lo que deseo transmitir. Las relaciones que mantenemos con los demás pueden parecer algo muy alejado de los rudimentos de una buena salud, pero los psicólogos saben que aquellos de nuestros actos que nos granjean nuestro propio respeto y el de las personas que nos rodean, se reflejan en nuestra condición física.

Una persona de quien no se puede uno fiar, nunca disfruta de la salud de quien es respetado por su responsabilidad. Un individuo que no es puntual no se halla físicamente en la cima del mundo. ¿Por qué? Porque algo psicológico le trastorna interiormente. De un modo subconsciente pierde una cierta cantidad de respeto por sí mismo, con el acostumbrado resultado de una enfermedad psicosomática.

De la misma manera, alguien con mal carácter nunca goza de una salud vigorosa. Podría escribir varias páginas para demostrarte cómo un mal carácter mina tu felicidad y tu éxito, pero en cuanto a su efecto sobre la salud, mejor pregúntale a tu médico. Pídele que te explique cómo la cólera realmente libera un veneno en el torrente sanguíneo, que retarda la digestión y puede fomentar una larga lista de enfermedades.

Cólera y razón no van de la mano, como evidencia el hecho de que cuando estamos encolerizados decimos y hacemos cosas que más tarde lamentamos. Puedes ver, por tanto, que si te rindes al mal genio, lo único que consigues es retrasar tu progreso e infligirle un inconmensurable daño a tu ser físico.

10. ¡Procura estar contento! Un médico de prestigio dijo en una ocasión que una persona feliz rara vez enferma, y que cuando lo hace, responde al tratamiento mucho más deprisa que los demás. No te será difícil estar de acuerdo con este doctor si reflexionas un momento. Sabes que te sientes mucho mejor físicamente cuando estás feliz que cuando estás triste y deprimido. También sabes que cuando no te encuentras muy en forma y sucede algo que te causa gran entusiasmo, de repente te recuperas. Esto te demostrará que la frase «procura estar contento» forma una adecuada conclusión para estos diez pasos encaminados a lograr una buena salud mental y física.

La felicidad viene del interior. Tienes ahora, y siempre tendrás, toda la felicidad que existe; ser feliz consiste simplemente en expresarla. Y expresar felicidad es dar un gran paso adelante hacia la adquisición de una salud inagotable y radiante.

Ya tienes los diez pasos, pero esto es solo el comienzo. De aquí en adelante, han de convertirse en parte de tu rutina diaria. Piensa en ellos; practícalos; vívelos. Una nueva vida, increíblemente gozosa, te aguarda.

21

ACENTÚA LO POSITIVO

Dado que todo este libro ha sido estructurado sobre la base de las bondades del pensamiento positivo, el presente capítulo te mostrará cómo dirigir tu flujo de poder personal a través de diversos canales, a fin de permitirte lograr ciertos resultados.

A menudo oímos decir: «Tengo muy mala memoria», «No puedo relajarme», «Me canso con mucha facilidad», etc. Mencionaré varias de estas situaciones y sugeriré cómo puedes dirigir tus pensamientos positivos hacia ellas, para conseguir unos resultados rápidos y eficaces.

Una vez que todo tu pensamiento esté en el lado positivo, mantendrás automáticamente pensamientos positivos con respecto a cualquier situación que pudiera perturbarte. Como se te señaló en un capítulo anterior, necesitarás ejercicios mentales que te permitan cambiar tu patrón mental de negativo a positivo. Hasta que alcances una posición en la que te sea natural «acentuar lo positivo», será una buena práctica que te enfocará conscientemente hacia la situación que deseas cambiar.

Te sugeriría que releyeras las siguientes páginas varias veces, de modo que te familiarices con los diversos objetivos que a continuación se relacionan.

Algunos de los temas fueron ya tratados en capítulos anteriores, pero por lo conveniente de tenerlos todos reunidos, los voy a mencionar aquí de nuevo.

DOMINIO DE UNO MISMO, hasta que uno sea capaz de tener dominio sobre los demás. Al hablar de dominio sobre los demás no quiero decir controlarlos. Me refiero a ese liderazgo que hace que la gente te siga porque *quiere*, no porque se les ordena que lo hagan.

El dominio de uno mismo hace que nuestro cuerpo sea nuestro servidor y no nuestro amo, que actúe tal como se le dirige, y no que nos dirija a nosotros (en este punto, sería bueno releer el capítulo 4, «El hombre es su mente»).

Si descubres que ciertos hábitos que desearías superar te controlan, en lugar de pensar en ellos como algo que te ha esclavizado, mantén un pensamiento de dominio de ti mismo, sabiendo que tienes el poder para superar cualquier hábito desagradable.

Si te has dejado llevar por la pereza, por ejemplo, aprende a quererlo que tienes que hacer, en lugar de simplemente hacer lo que quieres.

Para desarrollar el autodominio, sostén pensamientos de este tipo:

Cada vez que un pensamiento negativo intente entrar en mi mente, me percataré inmediatamente de ello y lo disolveré con un pensamiento positivo. La confianza en mí mismo va en aumento, pues cada día que pasa consigo un mayor dominio de mi ser.

SUPERACIÓN DE LA TIMIDEZ. Una buena fórmula a utilizar para cambiar cualquier situación es concentrarse en la cualidad deseada, no en la que se intenta superar. Sostener un pensamiento como «No seré tímido», confiere más poder a la timidez existente. No deseas ser tímido, así que no pienses en ello. Instala en tu mente un pensamiento de este tipo:

Me gusta la gente. Me apetece estar con la gente. Me encanta hablar con la gente.

No lo digas solo de palabra. Mientras afirmas el hecho de que te gusta la gente y hablar con ella, percíbete realmente a ti mismo gozando —no temiendo— de la compañía de otros.

Una mujer a la que le di esta fórmula no comprendió que su timidez estaba desvaneciéndose hasta que un día, tras una fiesta, se dio cuenta de que había disfrutado muchísimo de su conversación con los demás. Acentuar lo positivo demostró ser una terapia efectiva para ella.

LOGRAR UNA PERSONALIDAD MAGNÉTICA. ¿Qué es una personalidad magnética? ¿Por qué una persona es notablemente atractiva mientras otra parece insulsa?

Una personalidad magnética no es algo que se pueda ver, sino algo que se siente. El magnetismo que se proyecta sobre otros proviene del corazón. Es amor, amistad, generosidad, comprensión, etc. Un individuo con bellos rasgos y un buen cuerpo puede ser repelente mientras que otro totalmente carente de encanto físico puede tener una personalidad arrolladora.

Por consiguiente, dado que el magnetismo personal es algo intangible, algo que proyectamos desde el interior, debe colocarse dentro de la categoría de la mente. Esto significa que, si es necesario o deseable, puede cambiarlo la mente.

Cuando sostienes el pensamiento: «Tengo una personalidad magnética», eres literalmente guiado a hacer aquello que te dará ese tipo de personalidad. Te vuelves amistoso, generoso, comprensivo. Haces, de modo *natural*, todo aquello que atrae a los demás hacia ti.

Junto con tu deseo de querer a la gente, cultiva el hábito de pensar en su bienestar y felicidad con preferencia a los tuyos propios. *Percátate* de que, debido a tu auténtico interés por los demás, tu personalidad se vuelve cada vez más magnética.

CONCENTRACIÓN MENTAL. A menudo se considera que las personas con «mente dispersa» sufren casi un retraso mental. Esto, excepto en raros casos, no es así. La incapacidad de concentrarse se debe a malos hábitos mentales en los que caemos. Estamos pensando en algo; luego otro pensamiento entra en nuestra conciencia y se le da poder a ese pensamiento, con el resultado de que el primero se pierde; a continuación, otro pensamiento se insinúa, se le da poder y el segundo se pierde, y así sucesivamente.

La concentración mental es la capacidad de mantener un pensamiento hasta haber llegado a su término, antes de pasar al siguiente. El valor de esta capacidad es tan grande que puede merecidamente ser denominada un arte; sin embargo, es muy fácil de adquirir.

«Carezco de la capacidad de concentrarme», dirán muchos. Quienes conocen algo acerca de la mente, saben que hacer una afirmación semejante es instruir a su mente creativa para que cree tal situación.

Salvo que realmente desees tener una «mente dispersa», no proclames nunca más el pensamiento de que no puedes concentrarte.

Para desarrollar los poderes de concentración, construye un pensamiento de este tipo:

Estoy dotado de grandes poderes de concentración mental. Puedo centrar mis pensamientos en una sola idea hasta que decido desecharla de mi mente.

FORMÁNDOTE UNA MEMORIA RETENTIVA. Cada vez que utilices la expresión: «He olvidado» o «No puedo recordar», estarás poniendo los poderes de la mente a funcionar, pero en contra tuya. Ahora ya sabes que tales pensamientos son aceptados por tu mente creativa como instrucciones, y que actuará de acuerdo con ellos. En este caso, trabajaría para darte una mala memoria. Procuraría que olvidaras, o que no pudieras recordar.

La mente creativa es tu almacén de memoria. Ha retenido todo lo que ha escuchado, visto o percibido por medio de los otros sentidos desde tu nacimiento hasta el momento presente. Olvidar significa carecer de la capacidad de llevar a la conciencia aquello que ya tiene tu mente creativa.

Tener buena memoria es simplemente percatarse de ello. Quien tiene buena memoria no está siempre pensando: «Tengo una mala memoria», ¿verdad? ¡No! *Sabe* que tiene buena memoria.

Si deseas una buena memoria, nunca uses las palabras «olvidado» o «no recuerdo». En lugar de ello, simplemente sé consciente de que los datos que deseas te van a llegar.

Si quieres recordar un dato y no te llega con facilidad, en lugar de decir: «Lo he olvidado», di algo así como: «Me llegará en un momento», y así ocurrirá.

Así que, de ahora en adelante, piensa en términos de «tengo una buena memoria». Te sorprenderás cuando compruebes lo excelente que es tu memoria.

EL ARTE DE LA CONVERSACIÓN es más fácil de adquirir de lo que crees.

Un buen conversador es aquel que escoge su tema de acuerdo con los gustos de quienes escuchan. Evitará hablar de cualquier asunto controvertido, pues sabe que si sus oyentes no coinciden con él resultará impopular de inmediato.

Arthur Brisbane, uno de los más grandes escritores de editoriales de este siglo, afirmó: «Para ganar el favor del público, dile algo que ya sepa —y te dará la razón».

¿Me creerías si te asegurase que el modo más rápido de convertirte en un buen conversador es percatarte de que eres un buen conversador?

Decir «quisiera ser un buen conversador» es admitir que no lo eres —y que no esperas serlo.

En cambio, acentúa lo positivo, formándote el pensamiento: «Soy un buen conversador». No lo digas una o dos veces. Pronúncialo muchas, muchas veces. ¡Y practica! Cuando te encuentres con otras personas, piensa en qué puedes añadir a la conversación. No la acapares, pero mantente listo para dar tu opinión o expresar tus ideas conforme surja la ocasión.

UN SUEÑO TRANQUILO. «No puedo relajarme» es una afirmación que escucho a menudo. Cuando la oigo, siempre respondo: «Estoy seguro de que así es». Así *es* porque el pensamiento de «no puedo relajarme» actúa como una instrucción a la mente creativa para que mantenga tenso a quien lo tiene.

Cuando te sientes tenso, estás quemando energía. Cuando permaneces relajado, estás acumulando energía.

Desarrolla una conciencia de relajación. *Percátate de que puedes* relajarte. Cuando estamos plenamente relajados, perdemos la conciencia del cuerpo. No prestamos atención a los brazos, las piernas y el resto del cuerpo. Somos como una mente flotante.

Practica la relajación. Aprende a sentarte y sentir un aflojamiento a lo largo de todo tu ser. Diez minutos de una relajación así te harán mucho bien, dado que cuando el cuerpo está tenso, las relajaciones breves son más beneficiosas que las más extensas.

¿Te has dado cuenta alguna vez de que un gato es un maestro en el arte de la relajación? Parecerá muy somnoliento, bostezará un par de veces y se sumirá en un pacífico sueño. En pocos minutos abrirá los ojos y estará completamente descansado.

Recuerda acentuar lo positivo en lo relativo a la relajación. Hasta que domines esta disciplina, dale a tu mente frecuentes instrucciones tales como:

Soy dueño de mi ser y puedo relajarme plenamente a voluntad. Mi mente reposa en pensamientos tranquilos y armoniosos.

EL APLOMO. Igual que disfrutas cuando te rodeas de gente con aplomo, así otros disfrutarán de tu presencia si lo reflejas.

El significado real de esta palabra, de acuerdo con el diccionario, es el de estar en equilibrio. Esta, me parece, es una buena definición en lo relativo a los seres humanos. Pensamos en quien puede mantenerse a sí mismo bajo control en cualquier situación como alguien que muestra aplomo.

Thomas Jefferson dijo: «Nada da a una persona tanta ventaja sobre otra como permanecer siempre fría e imperturbable bajo cualquier circunstancia». La persona de aplomo posee muchas características deseables, entre ellas:

- Una disposición controlada.
- La capacidad de razonar sensatamente.
- La corrección de juicio.
- La sinceridad consigo mismo y con los demás.
- La facultad de no prestarle atención a la crítica adversa o beneficiarse de ella.
- Un orgullo libre de vanidad.
- La voluntad de resistirse a las tentaciones.
- Fe en sus capacidades.
- La ambición de luchar siempre por mejorar.
- Una falta de timidez.

¡Recuerda! Acentúa lo positivo. *Percíbete* constantemente a ti mismo poseyendo todos los atributos que te confieren ese aplomo tan admirado por los demás.

VENCER LA FATIGA. Los comentarios que siguen se relacionan con la fatiga psicosomática. Si tu energía está continuamente bajo mínimos, hazte un cuidadoso examen médico, y déjate guiar por él.

Muchas personas se agotan porque esperan agotarse. Se despiertan por la mañana pensando que les espera un día lleno de problemas y, de esa manera, permiten que empiece casi inmediatamente la sensación de fatiga, pues esperan terminar la jornada totalmente agotadas. Suelen estar en lo correcto: cuando llega la noche están extenuados. En tales casos, ha sido la mente, más que el trabajo, la que las agotó.

Hay dos tipos de fatiga, natural y psicosomática. La natural es un desgaste, resultado del esfuerzo corporal o mental —según el diccionario—. Es fácil aceptar el cansancio como desgaste producido por el esfuerzo físico, pero no existe la fatiga mental, de acuerdo con Bruce Bliven, quien dijo:

> La gente habla de «fatiga mental» o «cansancio cerebral», creyendo que el esfuerzo mental largo y concentrado produce cansancio en el cerebro mismo. Sin embargo, los científicos creen que este estado no puede existir. Tu cerebro no es como tus músculos. Tus operaciones no son musculares, sino de carácter electroquímico, comparables en parte a las de una batería de corriente continua.

Cuando tu cerebro parece cansado tras horas de trabajo mental, la fatiga está casi con toda seguridad localizada en otras partes del cuerpo: los ojos, o los músculos del cuello o la espalda. El cerebro en sí podría continuar indefinidamente.

ACENTÚA LO POSITIVO

Hay varias cosas que podría uno hacer para evitar la fatiga psicosomática, condición en la cual la mente se predispone a generar cansancio precisamente porque así lo espera:

- Aprende a querer lo que tienes que hacer.
- Comienza el día haciendo primero lo más difícil.
- Mantén la mente centrada en que trabajas con facilidad.
- Relájate cada vez que tengas oportunidad de hacerlo.
- Llénate la mente de pensamientos felices.

Este capítulo es sumamente valioso. Pon una señal en su comienzo, de modo que puedas localizarlo rápidamente. Leerlo de vez en cuando te ayudará a obtener muchas bendiciones de la vida, acentuando continuamente lo positivo.

¿Has advertido alguna vez los signos más (+) y menos (-) que existen en la batería de tu automóvil? El signo más indica el polo *positivo*; el menos, el polo *negativo*.

Hasta que alcances el punto de tener una mentalidad positiva de modo natural, ¿por qué no tomas un trozo de jabón y colocas un pequeño signo + en el espejo del cuarto de baño? Cada vez que lo veas, recordarás que debes examinar tu pensamiento para asegurarte de que realmente estás acentuando lo positivo.

22

AYÚDATE A TI MISMO
AYUDANDO A OTROS

No puedes enseñar un tema a los demás si no estás totalmente familiarizado con él. Cuanto más lo enseñes, más eficiente te volverás con respecto a él.

He dado conferencias sobre temas relacionados con la autosuperación en la mayoría de las principales ciudades de los Estados Unidos y Canadá. Tras una conferencia confío a menudo en que mis oyentes habrán aprendido tanto escuchándola como yo dándola.

El hecho de explicar a los demás unos principios los fija con más firmeza en la propia mente. Puedes leer acerca de cierta teoría y verte impresionado por ella en ese momento, pero salvo que la emplees en algún ámbito de tu vida, pronto la olvidarás. Hablar acerca de ella tenderá a grabarla en tu conciencia, de modo que estará siempre lista para que la utilices.

Usar lo que has aprendido hasta aquí, en este libro, te evitará para siempre tener carencias. Más aún, te proporcionará un suministro de bienes mundanos en abundancia. Sin embargo, este conocimiento te será de poca utilidad si no lo utilizas bien. Provéete de todo lo que has estado anhelando: una buena casa, dinero, etc. Luego, en lugar de permitir que otros envidien lo que tú tienes, muéstrales cómo pueden adquirir lo que desean.

Algunos lectores de este libro se volverán tan entusiastas que tratarán de imponer sus enseñanzas a sus amigos y familiares. Esto no hará bien alguno y los volverá impopulares. Mucha gente tiene mentes tan negativas que no creerán que, simplemente por leer un libro, sus circunstancias puedan cambiar. Dirán que la riqueza de los otros fue consecuencia de la buena suerte.

Háblales del libro, si deseas, y ofréceles prestárselo, pero no vayas más lejos. Si se sienten realmente entusiastas —y no celosos— por tu progreso, estarán contentos de pedirte el libro para leerlo; o mejor aún, podrán comprar un ejemplar para ellos mismos.

Frank Barry era un hombre normal. Tenía un trabajo que les proporcionaba alimento, cobijo y vestido a él, a su esposa y a su hijo. Leyó uno de mis libros y se tomó en serio sus principios. Pronto comenzó a ganar mucho más dinero del que había ganado hasta entonces, y pudo mudarse a un apartamento mucho mejor.

Un buen amigo de Barry le preguntó qué le hizo mejorar tan rápidamente. Frank dedicó mucho tiempo a darle un curso sobre pensamiento positivo y sobre cómo cambiar sus circunstancias a través de las imágenes mentales correctas.

El efecto de esta enseñanza no se advirtió de inmediato en el amigo de Barry, sino en el propio Frank. Sus pensamientos volvieron a sus circunstancias anteriores —las que tenía antes de aprender estos principios— y a lo que había sucedido desde que comenzó a aplicar el poder del pensamiento correcto.

«Si el pensamiento positivo pudo hacer lo que ya ha hecho por mí, ¿por qué no habría de seguir mejorando mi situación hasta que pueda mudar a mi familia al hogar de nuestros sueños, con todo lo necesario?», se preguntó. No hubo respuesta negativa a esta pregunta. Frank Barry continuó ascendiendo, hasta ser hoy en día el vicepresidente de la compañía para la que trabaja. Vive en una casa propia sumamente moderna; tiene asistenta y jardinero, y está elevando sus miras aún más arriba. He aquí un caso concreto de un hombre que se ayudó a sí mismo ayudando a otro.

Considera el caso de dos hermanos, casados y vecinos uno del otro. Sus circunstancias eran aproximadamente las mismas y ambos eran bastante negativos en cuanto a su visión de la vida.

Uno de los hermanos tuvo conocimiento del pensamiento positivo y de cómo puede afectar a nuestras vidas. Lo practicó, y pronto mejoró su situación.

—¡Tonterías! —exclamó el otro hermano con sumo disgusto—. Tuviste un poco de suerte, eso es todo.

—Tengo la respuesta a todos tus problemas. Si la quieres, ven a casa y te la daré —dijo el hermano afortunado.

Pasaron varios meses y el hermano negativo no se había decidido a aprovechar esa oferta. Sin embargo, al ver que su hermano continuaba ascendiendo, comprendió finalmente que se trataba de algo más que suerte. Debía de haber alguna razón más sustancial.

Reticentemente y con mucha humildad, el hermano negativo se acercó al del éxito.

—Tú ganas, ¿de qué se trata? —le preguntó.

Durante dos horas recibió una lección sobre la diferencia entre el pensamiento negativo y el positivo y sobre cómo podría cambiar su vida.

Pocas semanas después de esa charla, al hermano de pensamiento positivo se le ofreció una oportunidad tan grande que no pudo declinarla: le confiaron un trabajo que requería la ayuda de varios hombres.

En su nuevo cometido, pensó en su hermano y le ofreció un puesto como ayudante. Ahora ambos han ascendido y ninguno de ellos perderá el tiempo escuchando a alguien que argumente que el pensamiento positivo es solo una tontería.

No intentes imponer tu modo de pensar a quienes no se hallan preparados. Estarás perdiendo tu tiempo y fomentando la animosidad de aquellos a quienes intentas acercarte.

En una de mis frecuentes giras para dar conferencias, me encontré con un hombre que me invitó a unirme a él para comer. Este hombre, como supe más tarde, era un maniático de la comida. No me dio la oportunidad de pedir lo que quería, sino que le explicó al camarero exactamente lo que debía servirme.

Esta experiencia resultó bastante embarazosa, pues no me apetecía probar algunos de los platos servidos, y mi anfitrión hizo de todo con tal de que los comiera.

Estoy seguro de que este hombre sabía mucho sobre nutrición y que era sincero en su deseo de ayudarme; pero le estaba imponiendo su conocimiento a alguien no preparado para recibirlo.

El motivo de escribir este libro es mi deseo de ayudar a otros a obtener tanta felicidad y éxito en la vida como los que yo estoy disfrutando. Nadie puede obligarte a leerlo. Si lo hicieran, dudo que te ayudara. Tu mente no estaría atenta a lo que se dice en él, sino a quien trataba de controlarte. Si, en cambio, lees el libro porque lo deseas, porque has sabido que contiene la clave del éxito a través del pensamiento positivo, estarás preparado para una revelación emocionante.

No estoy seguro de estar de acuerdo con Emerson, quien dijo: «Nuestro mayor deseo en la vida es alguien que nos haga hacer lo que podemos hacer».

Todos nosotros *podemos* hacer aquello que traerá éxito y felicidad a nuestra vida, si estamos dispuestos a que nos enseñen qué es lo que tenemos que hacer.

Es cierto que *necesitamos* la guía de alguien para ayudarnos a hacer uso de los poderes que ya albergamos en nuestro interior. Así que hubiera sido más correcto que Emerson hubiera dicho *necesidad* en lugar de deseo, con lo que la cita quedaría así: «Nuestra principal necesidad en la vida es alguien que nos haga hacer lo que podemos hacer».

La palabra «motivar» es muy usada en conexión con la autosuperación. Pero esto presenta un doble significado. La mayoría de nosotros concebimos la motivación como una fuerza que nos empuja a actuar o a movernos. El jefe de ventas, por ejemplo, tratará de motivar a sus vendedores a la acción.

Personalmente, creo que motivar significa darle a uno un motivo, y es este motivo el que nos mueve a la acción.

En otra parte de este libro me he referido a la necesidad de tener un incentivo, que es un sinónimo de la palabra «motivo». Por lo tanto, uno de los mejores modos de ayudar a una persona es darle un motivo que estimule su ansia de progresar.

Por poner un ejemplo sencillo: un conocido visitó una vez mi taller de bricolaje, que, dicho sea de paso, está equipado con un gran número de herramientas eléctricas.

—Chico, este taller es un sueño —me dijo, mientras miraba las herramientas con ojos brillantes.

—¿Por qué no te haces un taller propio? —le sugerí.

—Caramba, bien quisiera, pero necesito todo el dinero que gano para mantener mi casa —replicó, dolido.

—Por favor, no te molestes por la pregunta que voy a hacerte, pero ¿cuánto gastas semanalmente en alcohol?

—Oh, no más de cien dólares —admitió, tratando de evitar cruzar su mirada con la mía.

—Si rebajaras esa cifra a la mitad, ahorrarías el dinero suficiente para ir comprándote unas herramientas como las mías —le dije con consoladora actitud.

Un cambio tuvo lugar en su semblante. Miró la estantería donde tenía mis libros de bricolaje y echó un codicioso vistazo a los planos.

Sus ojos cayeron sobre algunos planos de muebles, y mientras los estudiaba, supo que sin duda sería capaz de construir las sillas y las mesas que se mostraban en ellos.

—¡Voy a hacerlo! —dijo con notable entusiasmo.

La determinación de este hombre le dio un giro imprevisto a su vida. Conforme comenzó a adquirir herramientas, se vio tan absorbido por su nuevo hobby que abandonó el alcohol por completo e invirtió todos los gastos de la bebida en su afición.

Este es el caso en el que un hombre fue ayudado dándole un motivo.

En mi archivo de historias tengo otro caso en el que se consiguió mucho una vez logrado un motivo.

John Jeffries era el típico asalariado. Sentía instintivamente que estaba destinado a pasar por la vida fichando a la entrada y a la salida del trabajo. El pensamiento de establecer alguna vez un negocio propio nunca había entrado en su cabeza, tan seguro estaba de no estar «cortado a la medida» de un hombre de negocios.

John me hacía a menudo pequeños trabajos domésticos, y cada vez que surgía la ocasión le hablaba, confiando en poder darle un incentivo para que deseara mejorar. No prestaba atención a la mayoría de mis sugerencias, pues no había alcanzado el punto de poder verse a sí mismo diferente a como ya era.

Un día criticó el modo en que cierta compañía había hecho un negocio.

—Creo que habrías sido un buen hombre de negocios; tienes ideas muy constructivas –le dije, sin que se notara que trataba de adularle.

No hizo comentario alguno, pero por la expresión de su rostro pude ver que el pensamiento estaba echando raíces. Posteriormente tuve ocasión de comentar su olfato para los negocios. Lo hacía siempre de un modo sutil, para que no sospechara que estaba haciendo con él un experimento psicológico.

Un día se me acercó y ansiosamente me preguntó qué debería estudiar para poder iniciar algún tipo de negocio.

Bosquejé el que parecía un plan lógico y simple para él. Me dejó con un caminar vivo, una chispa en los ojos y una expresión de determinación que desafiaba al fracaso.

John Jeffries comenzó un negocio prácticamente sin capital alguno, porque carecía de él. Ahora es dueño de una empresa creciente, en rápida expansión.

La motivación que se le dio fue la de obtener felicidad y éxito mediante el desarrollo de su talento latente.

DESARROLLA TUS PODERES MIENTRAS DUERMES

A lo largo de este libro has aprendido mucho sobre tu mente creativa, y sobre cómo hacer uso de ella mientras duermes.

En este capítulo has descubierto cómo ayudarte a ti mismo ayudando a otros. Por favor, comprende que puedes beneficiarte de este pensamiento mientras duermes. Esta noche, antes de irte a la cama, repítete a ti mismo varias veces una afirmación tal como esta:

Estoy creciendo en influencia y ganancias, de modo que puedo ser de ayuda a la humanidad. Disfruto ayudando a otros a ayudarse a sí mismos y utilizaré constantemente mis recursos de modo que pueda ser generoso.

Decir esto esta noche te asegurará un mañana más brillante. Habrás crecido inconmensurablemente mientras descansabas, a medida que tu mente creativa ha establecido dentro de sí misma la imagen de ti como gran benefactor.

A quienes han estado inclinados hacia el lado egoísta de la vida, puede resultarles difícil comprender por qué deberían pensar continuamente en términos de dar en lugar de recibir. Tengo la teoría de que todo recibir es precedido por un dar. Si no estamos obteniendo bastante de la vida, es porque no estamos dando bastante.

Hay una cosa cierta: la persona generosa consigue más felicidad que la egoísta, pero aparte del beneficio espiritual, se descubre invariablemente que quien más da es quien más recibe.

Aplicando este principio a los negocios, relataré la política del presidente de una cadena de tiendas de baratijas. Un vendedor le enseñó una muestra de un artículo al comprador de esta cadena, y le dijo que su precio al por mayor era de quince centavos y que si lo vendía a veinticinco, obtendría buenos beneficios.

—Vuelva a su fábrica y vea cómo puede mejorarlo haciéndolo a diecisiete centavos y medio —respondió el comprador.

Su actitud indicaba que su gran compañía estaba más interesada en la calidad que en el precio, y que estaba dispuesta a ganar dos centavos y medio menos por cada venta, con tal de elevar la calidad del producto. No sorprende que la cadena esté creciendo rápidamente gracias a una política así.

Estás llegando al final de este libro y creo que estarás considerándolo con cierta reverencia, pues te ha dado la clave para lograr una vida más abundante.

Lee los dos últimos capítulos y dedícate durante varios días a digerir mentalmente todo lo que has aprendido. Luego relee el libro entero.

Pese a lo mucho que estoy seguro que has obtenido hasta aquí, no es nada comparado con lo que obtendrás con su segunda lectura. ¿Por qué? Porque antes de leerlo te prometí maravillosos resultados, muchos de los cuales pudiste recibir con un poco de escepticismo.

Ahora ya *sabes* cómo sacar provecho de tu poder interno, así que la próxima vez que leas este libro lo harás con la convicción de que vas a aceptar y aplicar todos los principios que en él te doy.

23

UNA NUEVA VIDA DE SALUD, RIQUEZA Y FELICIDAD

Un apasionado de los barcos, hombre hábil en la lectura de planos y el uso de los instrumentos y herramientas necesarios, decidió construir una embarcación. Consiguió los planos completos y las instrucciones para construir un pequeño barco y soñaba con el día en que, sentado detrás del timón con una gorra con orla dorada, guiaría la embarcación.

Han pasado varios años desde que este hombre compró los planos; sin embargo, hasta ahora no ha construido ni siquiera la quilla. Saca los planos a menudo y los estudia; luego los dobla cuidadosamente y los coloca en un estante.

Ahora tienes planes para una nueva vida de salud, riqueza y felicidad. Puedes deshacerte de ellos con la intención de comenzar algún día —un día que puede no llegar nunca— o bien comenzar ahora mismo.

Te reirías de un constructor que, teniendo un contrato, visitase el lugar donde habría de levantarse el edificio, estudiase los planos durante un rato y luego se fuese a su casa pensando en otra cosa. El constructor, una vez que ha firmado el contrato, reúne los materiales y a sus hombres y se pone a trabajar.

Leer este libro ha sido como firmar un contrato contigo mismo para la construcción de una vida mejor, una vida que te enorgullecerá cuando tus amigos y familiares te alaben por tus logros.

Y al igual que un constructor, que miraría y volvería a mirar los planos para asegurarse de que los tiene completamente claros, así deberías leer y releer este libro.

Estás seguro, no me cabe duda, de la eficacia de los principios tratados. Sabes ahora instintivamente que aplicar estos principios es asegurarte una vida mejor.

Deja este libro a un lado durante uno o dos días para digerir adecuadamente todo lo que puedas recordar. Luego, sacando el pecho y el mentón hacia fuera y con una determinación como no la has tenido nunca, léelo entero desde la primera hasta la última página, sabiendo que con ello conformarás una vida que te traerá todas las bendiciones que puedes haber soñado, pero que nunca esperaste tener.

Muchos de vosotros estaréis ya en marcha desde la primera lectura. Ya habréis empezado a practicar los principios y estaréis disfrutando sus resultados. Tened por seguro que alcanzaréis grandes éxitos.

Permíteme que te haga una advertencia, no negativa, sino positivamente, por tu propio bien: una vez conseguida tu meta, no pierdas de vista el origen de tu buena fortuna.

Un entrenador puede ayudar a una persona débil a obtener una salud robusta a través del ejercicio y la dieta apropiados, pero si tras lograr una buena salud, esta persona vuelve a su anterior modo de vida, su ser físico retornará al estado de debilidad.

Nada permanece quieto. Todo se mueve, o bien para delante o bien para atrás. Por lo que concierne a tu pensamiento, continuarás desarrollándote en una dirección positiva o caerás de nuevo en los acostumbrados canales negativos.

«¿Por qué habría uno de volver al pensamiento negativo cuando podemos ver todo el bien que se puede lograr con el pensamiento positivo?», podría alguien preguntar; y es una buena pregunta.

Dado que el 95% de la gente se inclina, en algún grado, hacia el lado negativo, es inevitable que la mayoría de las personas con las que nos encontramos sean más negativas que positivas.

Gran parte de los argumentos presentados por la persona de mentalidad negativa —porque las circunstancias son malas, porque es difícil hacer esto y aquello, porque en las condiciones existentes no es posible triunfar—, parecen lógicos. En estas circunstancias, no es difícil para el recién iniciado en el reino del pensamiento positivo caer de nuevo en la línea de la gran mayoría de los pensadores negativos.

Recuerda, siempre ha habido, y probablemente siempre habrá, una gran mayoría de pensadores negativos. Es por esto por lo que tan pocos individuos, relativamente, alcanzarán la cima.

Los principios incluidos entre las dos tapas de este libro te elevarán a alturas nunca soñadas. Pero leerlos y aplicarlos no te asegura que permanecerás en la cima. Salvo que continúes reemplazando los pensamientos negativos con otros positivos, será muy fácil que vuelvas al lugar en el que te encontrabas antes de ser iniciado en la «fraternidad de pensadores positivos». Debes llegar al punto en que sea una segunda naturaleza para ti cambiar todo pensamiento negativo por uno positivo.

Deseo referirme de nuevo a mi amigo W. Clement Stone, quien, como mencioné en el primer capítulo, invirtió menos de cien dólares en su negocio de seguros y llegó a acumular una fortuna personal de cientos de millones.

Estoy seguro de que durante sus años de ascenso se le presentaron numerosas situaciones negativas. Probablemente le dijeran muchas veces qué no debía hacer o por qué algunos de sus hombres no podían cerrar las ventas. ¿Supones que Stone sucumbió a los pensamientos negativos y relajó sus esfuerzos? ¡Ni por un minuto! Seguramente analizó el problema para saber qué era lo que motivaba los pensamientos negativos, y luego concibió planes para corregir esa situación. Ese hombre te dirá en términos categóricos que su actitud mental positiva es totalmente responsable de su gran éxito.

La extensión de tu éxito depende enteramente de lo alto que eleves tus miras. Puedes adquirir cientos de dólares, o millones, dependiendo de tu estado de conciencia.

Te he demostrado esto de muchas maneras a lo largo del libro. He hecho muchas repeticiones para fijar esta verdad más firmemente en tu conciencia. Pero ahora pasemos al futuro. Establezcamos una rutina que deberás seguir, para que te asegure un viaje siempre hacia adelante y hacia arriba.

1. Nunca permitas que un pensamiento negativo permanezca en tu mente. Reemplázalo de inmediato con uno positivo. Si es necesario, haz algo de naturaleza positiva para asegurarte de que el pensamiento negativo ha sido eliminado.

2. Vete siempre a dormir con pensamientos positivos. Decide qué has de hacer cuando te despiertes y retírate a la cama con el pensamiento positivo de que durante la noche tu mente creativa trabajará contigo, de modo que al día siguiente serás guiado en pensamiento y acción a llevar a cabo tu trabajo de manera que favorezca a todos los involucrados.

3. Mantén tu mente feliz. Es mucho más sencillo mantener positiva una mente feliz que una llena de pesimismo y pesar. Si persiste el pesimismo, haz algo por hacer feliz a alguien, y tu felicidad retornará.

4. Comienza el día con entusiasmo. Al despertar, siéntete contento ante la expectativa de otra jornada de progreso y felicidad. Recuerda que, a lo largo del día, serás guiado en pensamiento y acción hacia el éxito en cualquier cosa que intentes.

   Al desayunar, habla acerca de tu felicidad y entusiasmo y di que sabes que será un gran día. Si por casualidad te encuentras entre personas que aún no han aprendido las bendiciones provenientes del pensamiento positivo, alégrate de poseer una mente positiva. Por otra parte, si pasas un cierto tiempo con alguien de iniciativa, te impregnarás del ánimo de hacer cosas e ir a nuevos lugares.

Si es posible, no te asocies con individuos negativos, salvo que puedas ayudarles enseñándoles a obtener los beneficios de una mente positiva. Si las circunstancias hacen necesario que te encuentres en una atmósfera negativa, mantén tu mente feliz con el pensamiento de que la has condicionado a ser positiva.

5. «Todos los días me mantengo en mi camino» es un lema que tengo puesto en un lugar visible de mi casa. Como antes dije, nada permanece quieto: o va hacia delante o hacia atrás.

Procura que no pase ningún día sin progreso. Hasta que esto se convierta en una segunda naturaleza para ti, debes dar conscientemente algún paso progresivo cada día. Muy pronto, tantas bendiciones empezarán a llegar a tu vida, que tu progreso ya no se detendrá.

Cuando alcances el punto de riqueza en que crees que tu trabajo está hecho, que tu seguridad está reafirmada, no abandones. Hay muchos nuevos retos que conquistar, aparte de ganar dinero.

Piensa en dedicarte a la música, pintura, escritura o lo que más te atraiga. La vejez y la ociosidad mental van de la mano. Una mente activa es una mente joven, y una mente joven mantendrá tu cuerpo joven mucho más tiempo que si se detiene en pensamientos de vejez, lo que sin duda hará si no está ocupada por pensamientos constructivos.

Justo mientras colocaba esta página en la máquina de escribir, recibí una llamada telefónica que me hizo muy feliz. La voz al otro extremo dijo:

—Ben, quería que supiera que una idea que obtuve en uno de sus libros me ha supuesto unas ganancias de más de quinientos mil dólares. —Y luego me habló de una inspiración que le llevó a desarrollar una idea, con el resultado de obtener una fortuna.

Mensajes como este significan mucho más para mí que los beneficios por derechos de autor que obtengo con cada uno de los libros vendidos.

Sé que al leer este libro obtendrás resultados impresionantes si los comparamos con su insignificante coste. Saber que solo has obtenido beneficios por el valor de lo que pagaste por él sería desalentador. Quiero que este libro resulte la más grande aventura de tu vida.

No me engaño hasta el punto de creer que soy el único responsable de estas páginas. Los instructores que tuve a lo largo de mis días de colegio, incontables conferenciantes y autores, periódicos, revistas, radio y televisión, todos ellos han contribuido a mi almacén de conocimientos. Me he encontrado con miles y miles de personas de todos los ámbitos que me han dado ideas que se reflejan en muchos de los pensamientos expresados.

Mi contribución a este libro ha sido poner como en una pantalla el conocimiento adquirido y reunir los pensamientos constructivos de un modo que puedan ser utilizables por ti, lector.

Te agradezco el cumplido que me haces al leerlo.

Ruego —y creo en la oración— que, leyéndolo, corrijas cualquier situación que en este momento se interponga entre tú y tu felicidad.

ÍNDICE